VIVA (e entenda) a diferença

Dados Internacionais de Catalogação na Publicação (CIP)
(Jeane Passos de Souza – CRB 8ª/6189)

Brogna, Marcos
    Viva (e entenda) a diferença / Marcos Brogna. – São Paulo :
Editora Senac São Paulo, 2020.

    Bibliografia
    ISBN 978-65-5536-088-2 (impresso/2020)
    e-ISBN 978-65-5536-089-9 (ePub/2020)
    e-ISBN 978-65-5536-090-5 (PDF/2020)

    1. Empatia – Aspectos sociais 2. Diversidade Humana –
Aspectos sociais 3. Preconceito – Histórias reais I. Título.

20-1115t   CDD – 302.14
                                              152.4
                                 BISAC PSY031000
                                        PSY013000

Índice para catálogo sistemático:
1. Relacionamento interpessoal : Psicologia social   302.14
                 2. Empatia   152.4

VIVA (e entenda) a diferença

Marcos Brogna

EDITORA SENAC SÃO PAULO – SÃO PAULO – 2020

ADMINISTRAÇÃO REGIONAL DO SENAC NO ESTADO DE SÃO PAULO
Presidente do Conselho Regional: Abram Szajman
Diretor do Departamento Regional: Luiz Francisco de A. Salgado
Superintendente Universitário e de Desenvolvimento: Luiz Carlos Dourado

EDITORA SENAC SÃO PAULO
Conselho Editorial: Luiz Francisco de A. Salgado
　　　　　　　　　　 Luiz Carlos Dourado
　　　　　　　　　　 Darcio Sayad Maia
　　　　　　　　　　 Lucila Mara Sbrana Sciotti
　　　　　　　　　　 Luís Américo Tousi Botelho

Gerente/Publisher: Luís Américo Tousi Botelho
Coordenação Editorial: Verônica Pirani de Oliveira
Prospecção: Andreza Fernandes dos Passos de Paula, Dolores Crisci Manzano, Paloma Marques Santos
Administrativo: Marina P. Alves
Comercial: Aldair Novais Pereira
Comunicação e Eventos: Tania Mayumi Doyama Natal

Edição e Preparação de Texto: Heloisa Hernandez
Coordenação de Revisão de Texto: Marcelo Nardeli
Revisão de Texto: Albertina Pereira Leite Piva
Projeto Gráfico: Marcos Brogna
Coordenação de Arte e Capa: Antonio Carlos De Angelis
Ilustração da Capa: Adobe Stock
Editoração Eletrônica: Sandra Regina Santana
Impressão e Acabamento: Maistype

Proibida a reprodução sem autorização expressa.
Todos os direitos reservados à
Editora Senac São Paulo
Av. Engenheiro Eusébio Stevaux, 823 – Prédio Editora
Jurubatuba – CEP 04696-000 – São Paulo – SP
Tel. (11) 2187-4450
editora@sp.senac.br
https://www.editorasenacsp.com.br

© Editora Senac São Paulo, 2020

SUMÁRIO

- **7** NOTA DO EDITOR
- **10** PREMISSAS
- **13** EMPATIA, SIM!
- **15** **PARTE 1:** CONCEITOS E CITAÇÕES
- **71** **PARTE 2:** HISTÓRIAS DE VIDA, CONTEXTOS E REFLEXÕES
- **168** REFERÊNCIAS

O livro pode ser ouvido nas vozes do autor e das personagens, essa é também uma forma de abraçar as diversidades. Para ouvir os áudios individualmente, fotografe o QR Code que aparece ao lado de cada texto. Você também pode acessar o menu com todos os áudios do livro no link: **http://www.editorasenacsp.com.br/livros/viva/index.html**.

NOTA DO EDITOR

"Mais amor, por favor". "Gentileza gera gentileza". Cartazes espalhados pelas ruas do país traduzem a sensação de hostilidade, comprovada em estatísticas, que nos mostram preconceito e agressividade contra minorias.

Em *Viva (e entenda) a diferença*, o convívio com o outro é questão central: como conciliar diferenças?

Para iniciar a conversa com o leitor, Marcos Brogna apresenta algumas afirmações, como: "Seu jeito me incomoda" ou "É só uma brincadeira", problematizando o quanto podemos estar sendo preconceituosos, mesmo sem perceber. Em seguida, trabalhando a publicação como um espelho, o autor contrapõe citações emblemáticas a conceitos essenciais para entender como as diferenças são tratadas na sociedade. Na sequência, traz depoimentos de pessoas de distintas idades e papéis sociais, confrontando-os com dados que desenham um panorama de nosso país. Para finalizar, propõe que cada leitor escreva, desenhe, cole... crie sua própria narrativa, a partir da leitura, interagindo com o livro.

Como recurso adicional, é possível acessar o conteúdo do livro em áudio e um vídeo interpretado em Libras, via QR Code.

Este lançamento do Senac São Paulo visa contribuir para um convívio mais construtivo, que começa com a necessária disposição de ouvir o outro, de respeitá-lo e de aprender com ele.

Esta obra é dedicada a todas e todos que, por sua diferença, precisam enfrentar os riscos gerados pelo preconceito para poder simplesmente existir.

Ouça o conteúdo

PREMISSAS

Já que vamos interagir com o entendimento do outro a partir da complexidade que há em todos nós, comecemos exercitando a reflexão sobre nossos próprios pensamentos e nossas ações que podem carregar preconceitos. A seguir estão cinco afirmações muito comuns e vamos tentar reescrevê-las:

"Seu jeito me incomoda"

Ao entendermos que todos somos diferentes, ou seja, a diferença não está apenas no outro, mas também em mim, podemos compreender que, da mesma forma como me incomoda o outro, eu também posso incomodá-lo pelo que sou. E vale uma reflexão: se o que me incomoda está apenas no jeito de ser e viver do outro, o problema está nele ou em mim?

Que tal: Não preciso me incomodar com o que não está em mim, pois também sou diferente.

"Eu não tenho preconceito"

Deixemos de carregar o fardo de imaginar que podemos ser pessoas sem nenhum prejulgamento do outro. Todos estranhamos o que é diferente dos nossos valores, e o caminho é saber enfrentar, diariamente, esse estranhamento, ampliando nosso aprendizado sobre outras tantas formas de viver.

Que tal: Tenho preconceitos, mas aprendo diariamente a combatê-los com conhecimento.

"É só minha opinião"

A liberdade de expressão é garantida pela nossa Constituição desde 1988, mas a mesma Carta Magna nos coloca como responsáveis pelo que afirmamos, vedando o anonimato. Ou seja, somos passíveis até de processo quando difamamos, caluniamos ou injuriamos o outro. Ofensa, portanto, extrapola a ideia de opinião, podendo ser até crime.

Que tal: Preciso rever pensamentos ofensivos.

"Foi só uma brincadeira"

Brincadeira é quando todos acham graça, mas, quando uma pessoa se sente ofendida, já deixa de ser brincadeira e pode se tornar *bullying*. O humor pode ser buscado sem ofensa e há muitos talentosos humoristas que conseguem fazer isso. Que possamos aprender com eles.

Que tal: Meu riso não precisa da dor de ninguém.

"Eu sou normal, você não"

No que tange ao ser humano e sua complexidade, normalidade é um conceito subjetivo. O que pode ser normal para um pode não ser para outro. Portanto, ou partimos da ideia de que todos somos normais ou nos inspiremos em Caetano Veloso, que canta: "De perto, ninguém é normal".

Que tal: Somos todos complexos e isso é normal.

Ouça o conteúdo

Deste lado, só os outros

As páginas à esquerda nesta obra trarão sempre a personagem principal daquilo que se chama empatia: o outro. Na primeira parte do livro, são apresentadas citações e, em seguida, histórias de pessoas convidadas a nos contar um pouco do que as torna únicas e, ao mesmo tempo, conectadas com o que nos faz humanos. Na diferença nos encontramos e é nela que precisamos aprender a exercitar a tolerância, mesmo em discordância. As histórias aqui contadas são algumas entre tantas outras que podemos encontrar quando nos colocamos no lugar de ouvir e de aprender com o outro. Jamais caberá em um livro a diversidade toda, mas podemos, inspirados em histórias reais, entender o coletivo, o colaborativo, o sustentável, o diferente.
E respeitar!!!

EMPATIA, SIM!

Por que abordar empatia, tentando trilhar caminhos do respeito às diferenças, em pleno século XXI? Pode parecer surreal falar nisso mais de duzentos anos após o iluminismo ou cinquenta anos após a Declaração Universal dos Direitos Humanos. Só que não.

Vivemos uma era repleta de ódio, que, paradoxalmente, encontra terreno fértil na tecnologia mais interativa da história: a internet. Estamos muito conectados no ciberespaço, mas pouco sintonizados com aquilo que nos torna humanos e, portanto, diferentes por natureza.

Os outros (ou "outres", em linguagem que busca quebrar a definição de gênero) continuam sendo uma fronteira e, sem enxergá-los, fica difícil entender a nossa própria complexidade.

As bases teóricas desta obra estão focadas no entendimento da diversidade humana. As temáticas abordadas, as citações e as histórias das personagens aqui presentes foram escolhidas com o intuito de nos ajudar a conhecer para coexistir melhor. A ideia de trazer páginas fixas para depoimentos e a possibilidade de ouvir as vozes das personagens reais (por meio de áudios disponibilizados via link ou código QR) são um convite para o exercício da empatia, que não é escrito por um autor onisciente, mas por um mosaico de interações.

Por isso, viva (e entenda) a diferença. Viva, porque ela está em você como essência. E entenda, porque o conhecimento é o maior antídoto contra o preconceito.

Ouça o conteúdo

PARTE 1:
CONCEITOS E CITAÇÕES

A primeira parte do livro trabalha, nas páginas ímpares (à direita), conceitos fundamentais para o entendimento da complexidade e da diversidade humanas. As temáticas abordam desde o amplo entendimento da liberdade, em contextos históricos diferentes, até a capacidade de sermos empáticos, ou seja, de tentarmos nos colocar no lugar do outro.

Já nas páginas pares (à esquerda), estão citações de frases de pensadores, artistas, escritores, especialistas de vários tempos e lugares, que nos convidam a refletir sobre esses conceitos, muitas vezes de forma poética.

Ouça o conteúdo

Citações

Nelson Mandela 18
Maya Angelou 20
Leonardo da Vinci 22
Clarice Lispector 24
Frida Kahlo 26
Paulo Freire 28
Galileu Galilei 30
Victor Hugo 32
Caio Fernando Abreu 34
Caetano Veloso 36
Mario Quintana 38
Arnaldo Antunes 40
Mario de Andrade 42
Elza Soares 44
Heráclito 46
Carolina Maria de Jesus 48
Oswald de Andrade 50
Tarsila do Amaral 52
Aristóteles 54
Declaração Universal dos Direitos Humanos 56
Al Gore 58
Fernando Pessoa 60
Virginia Woolf 62
Rubem Alves 64
Ariano Suassuna 66
José Saramago 68

CONCEITOS

19 ANTES DE TUDO, A LIBERDADE
21 RESPEITAR É OLHAR PARA TRÁS
23 O OUTRO, INFERNO
25 O OUTRO, A MEDIDA DO "EU"
27 O OUTRO, CAMINHO PARA A CIVILIZAÇÃO
29 O OUTRO, APRENDIZADO
31 MAIORIAS E MINORIAS
33 MINORITÁRIOS E VULNERÁVEIS
35 DIVERSIDADE E INCLUSÃO
37 NORMATIVIDADE E RÓTULOS
39 ACESSIBILIDADE E DESENHO UNIVERSAL
41 PRECONCEITO E DISCRIMINAÇÃO
43 VIÉS INCONSCIENTE
45 LUGAR DE FALA
47 LUGAR DE ESCUTA
49 LUGAR DE PRIVILÉGIO
51 ACULTURAÇÃO E APROPRIAÇÃO
53 CRIATIVIDADE E INOVAÇÃO
55 ÉTICA E MORAL
57 DIREITOS HUMANOS
59 SUSTENTABILIDADE
61 ESPECISMO
63 COMUNICAÇÃO NÃO VIOLENTA
65 RAZÃO MAIS EMOÇÃO: AFETO
67 DIALOGISMO
69 EMPATIA: TENTAR "SER" O OUTRO

Eu sou senhor do meu destino*

Nelson Mandela foi o mais importante líder da África negra, Nobel da Paz em 1993. Passou 27 anos na prisão pela luta contra o apartheid na África do Sul, que veio a presidir em 1994, após reconquistar a liberdade.

* Mandela citou essa frase, do poema *Invictus*, de William Ernest Henley, durante seu período na prisão, como inspiração para sua luta contra o racismo.

ANTES DE TUDO, A LIBERDADE

Liberdade é um conceito complexo e fundamental. Na Grécia Antiga e berço da filosofia, era associada ao ato de pensar (para Sócrates, é livre quem consegue dominar a si próprio); na Idade Média, teocentrista, o que importava era a "elevação do espírito"; na Idade Moderna, renascentista e, ao final, com lampejos do iluminismo, a razão e o indivíduo em sociedade passam a ser a base do pensamento (para Rousseau, os homens nascem livres); na Era Contemporânea, o existencialismo de Sartre diz que estamos condenados a ser livres e construímos nossa essência a partir de nossas escolhas. Ou seja, sem liberdade, não há sequer existência.

Ouça o conteúdo

Tente ser arco-íris na nuvem de alguém*

Maya Angelou foi uma das maiores ativistas negras dos Estados Unidos, tendo lutado ao lado de Martin Luther King e Malcolm X. Escritora, poeta, atriz, diretora, cantora e bailarina, foi condecorada por Barack Obama com a Medalha Presidencial da Liberdade.

* Maya Angelou escreveu essa frase no livro Letter to my daughter (Carta a minha filha), publicado em 2008. Mãe de um filho (e não filha), ela se coloca como mãe de uma causa.

mike_kiev | depositphotos

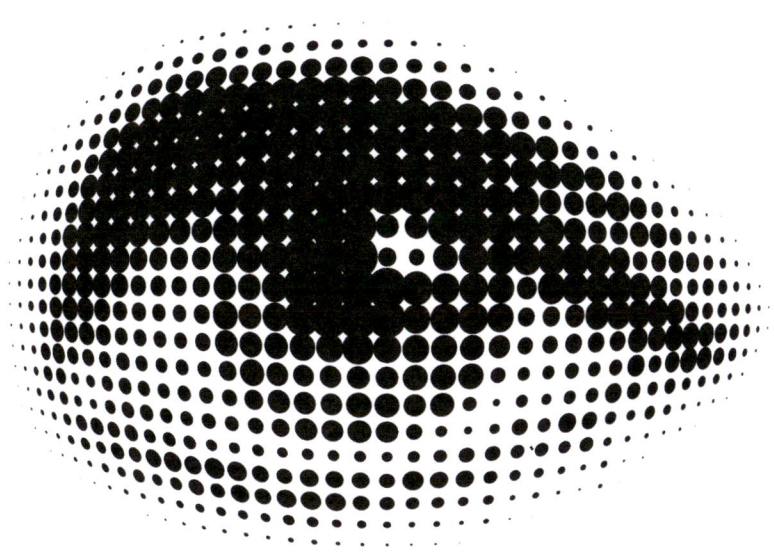

RESPEITAR É OLHAR PARA TRÁS

A palavra "respeito" vem do latim *respectus* e está relacionada ao ato de "olhar para trás". Por mais que isso pareça estranho, tem tudo a ver com o sentido de respeitar. Olhar para trás é ver outra vez, é rever. É ir além da primeira impressão, do prejulgamento. Ou seja, respeitar pode ser entendido como a possibilidade de vencer o preconceito, o estranhamento que todos temos diante do diferente; é aprender a entender o outro ou algo além dos filtros subjetivos que muitas vezes nos limitam a enxergar a diversidade. Respeitar, portanto, pode ser aprender com aquilo que parece estranho a princípio, mas merece um novo olhar.

Ouça o conteúdo

Não se pode amar ou odiar quem ainda não se conhece*

> **Leonardo da Vinci** foi um gênio de múltiplos talentos que ajudou a construir o renascimento, momento histórico em que, após séculos de Idade Média, a humanidade voltou-se à ciência, à liberdade, à arte, ao humano.

* Em Livro do desassossego, Fernando Pessoa cita o "dito" de Da Vinci e completa: "A presença de outra pessoa descaminha-me os pensamentos" (1986, p. 304).

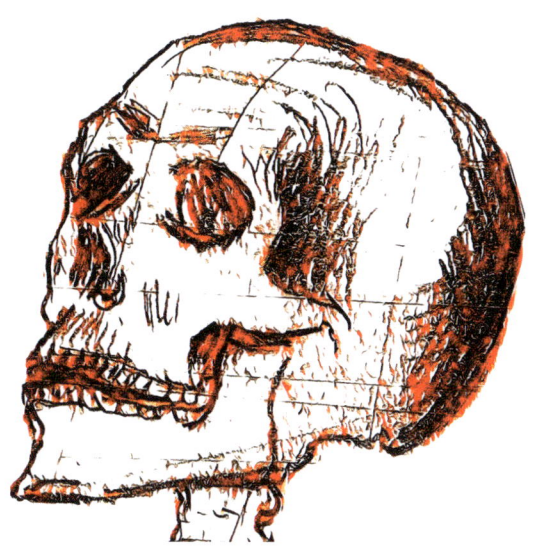

O OUTRO, INFERNO

Na peça teatral *Huis Clos* ("Entre quatro paredes"), de 1944, Jean-Paul Sartre encena três personagens no inferno após morrerem, mas o lugar é apenas um quarto fechado em que elas estão condenadas à convivência. E não há espelhos, o que as obriga a se entenderem apenas a partir do outro. Ou seja, "O inferno são os outros".

Para existencialistas como Sartre, a existência precede nossa própria essência. Somos primeiro livres para, depois, construirmo-nos. Nessa construção, há conflitos. Do tempo de Sartre, o pós-nazismo, aos dias de hoje, há possíveis paralelos. Pelas redes sociais, as bolhas de ódio se parecem com o quarto de *Huis Clos*: presas em salas de algoritmos e verdades absolutas repletas de ódio, as diferenças humanas viram algo infernal.

Ouça o conteúdo

Sou um mistério para mim*

Clarice Lispector foi uma das mais importantes escritoras do século XX no Brasil, autora de romances, contos e ensaios intimistas com foco no inconsciente. Nascida na Ucrânia, naturalizou-se brasileira.

* Esta frase está presente em A descoberta do mundo (que teve a primeira edição em 1984), obra de crônicas que Clarice Lispector publicou no Jornal do Brasil, entre 1967 e 1973.

O OUTRO, A MEDIDA DO "EU"

Um indivíduo se constrói na interação social, no confronto com o mundo externo. Portanto, uma forma de saber quem sou é ver, no outro, quem não sou. Eis uma premissa do psicólogo russo Lev Semenovitch Vygotsky. Seu trabalho nos ajuda a entender que o outro é uma medida fundamental do "eu", pois sem enxergá-lo tenho dificuldade de me definir. Essa premissa nos convida a refletir sobre a vida cotidiana e a era de polarização em que vivemos hoje: se sem o outro eu corro o risco de não entender a minha própria existência, por que querer excluí-lo do meu convívio apenas porque não concordo com aquilo que ele faz ou pensa?

Ouça o conteúdo

Pés, para que os quero, se tenho asas?*

Frida Kahlo foi pintora mexicana, mulher revolucionária cuja vida é um exemplo de superação e resistência. As tintas fortes de suas telas retratam sua alma inquieta, contestadora e genial.

* A frase está na página 134, em um desenho de Frida, no livro O diário de Frida Kahlo, publicado pela primeira vez em 1994. Frida passou por várias cirurgias na coluna após um acidente e chegou a ter uma perna amputada.

O OUTRO, CAMINHO PARA A CIVILIZAÇÃO

O que é ser civilizado? Sociedades repletas de riquezas arquitetônicas e tecnologias podem arrogar tal condição? O filósofo Francis Wolff, em capítulo do livro *Civilização e barbárie* (2004), nos convida a entender esse conceito à luz dos dias de hoje e no contexto de um mundo onde já vivem mais de 7 bilhões de humanos. Para ele, civilizado é aquele que consegue entender que o outro é parte do tecido social, que só se constrói nas diferenças. Já o bárbaro, para Wolff, é alguém incapaz de conviver com o outro, querendo eliminá-lo. Uma sociedade civilizada, portanto, tem mais que riquezas e tecnologias: tem a aceitação da diversidade como premissa.

Ouça o conteúdo

Aprendo com o diferente*

Paulo Freire foi um dos educadores mais importantes do Brasil e do mundo, sendo até hoje um dos mais citados em trabalhos científicos; defendeu uma pedagogia que entende o aluno como ponto de partida e uma comunicação dialógica.

* Paulo Freire traz essa reflexão no livro Pedagogia da tolerância (2014), editado por sua mulher, Ana Maria Araújo Freire, após sua morte.

Por art4all | Shutterstock

O OUTRO, APRENDIZADO

É natural que eu estranhe quem é muito diferente do que sou, mas é também inevitável que esse estranhamento gere em mim algum tipo de aprendizado. E eis uma relação curiosa: quanto mais "estranho" o outro parecer, mais a convivência com ele, por mais breve que seja, permitirá que eu aprenda sobre novos valores, novos costumes, novos gostos, novas experiências de vida. Isso não precisa mudar o que sou, pois não preciso concordar, tampouco imitar. Preciso respeitar! No livro *Pedagogia da tolerância*, Paulo Freire qualifica essa relação como "tolerância genuína", em que no outro há sempre a possibilidade de aprendizado.

Ouça o conteúdo

A verdade não resulta de quantos nela creem*

Galileu Galilei foi um dos mais importantes cientistas e defendeu que a Terra não era o centro do universo, sendo julgado e condenado à prisão pela Inquisição, em processo que se iniciou em 1616. Foi obrigado a negar suas descobertas para escapar da fogueira.

* Esse foi um pensamento de Galileu em defesa do que veio a ser considerado um modelo de ciência moderna (baseada no método e na observação), numa época de obscurantismo religioso. No livro *Galileu Galilei: um revolucionário e seu tempo*, Atle Naess o descreve como um cientista defensor de raciocínios renovados. Mais de trezentos anos após sua morte, a Igreja Católica reconheceu a importância de suas descobertas científicas.

MAIORIAS E MINORIAS

A vontade da maioria deve sempre prevalecer sobre as minorias, certo? Errado! Em democracias modernas, as maiorias sempre têm seus anseios refletidos na escolha de representantes, mas isso não significa que tudo deva ser parametrizado nelas. Se sempre a vontade da maioria prevalecesse, as minorias tenderiam a desaparecer. Na Antiguidade, Platão, em *A República*, já abordava o senso de justiça como fundamental nessa discussão. No século XIX, o historiador francês Alexis de Tocqueville trouxe o tema à tona, alertando para o risco de tirania das maiorias, pensamento que está no livro *Democracia na América* (que teve a primeira edição em 1835). Os linchamentos digitais, hoje, são um exemplo dessa tirania, a ser combatida pela sociedade.

Ouça o conteúdo

Desejo que você seja tolerante*

Victor Hugo

foi um romancista, poeta, dramaturgo e ensaísta francês, autor de uma das mais expressivas obras sobre a desigualdade humana e a luta por justiça, a imortal e sempre atual Les misérables.

* Do poema Desejos, em que completa o pensamento desejando que "Você sirva de exemplo aos outros".

MINORITÁRIOS E VULNERÁVEIS

No Brasil, negros e mulheres, por exemplo, estão em maior número do que brancos e homens, mas várias estatísticas apontam que não desfrutam das mesmas oportunidades – segundo o Instituto Brasileiro de Geografia e Estatística (IBGE), em 2018, mulheres negras receberam menos da metade dos salários dos homens brancos. Eles seriam, então, minoria? Sim, pois quando se trata de sociedade, esse conceito vai além da questão numérica. Em artigo no livro *Comunicação e cultura das minorias*, o jornalista e acadêmico Muniz Sodré (2005) nos convida a entender o conceito de minorias, tendo como parâmetro questões como a vulnerabilidade jurídico-social desses grupos, sua identificação social, a luta contra-hegemônica na sociedade e suas estratégias discursivas (que seriam os recursos utilizados por esses grupos para suas lutas). Ou seja, pensar em minorias em sociedades vai além de fazer cálculos matemáticos: precisamos enxergar o fator humano.

Ouça o conteúdo

Fui eu quem me fez assim ou me fizeram?*

Caio Fernando Abreu
foi jornalista, dramaturgo e escritor brasileiro, um autor visceral e ícone da contracultura.

* Trecho de poema do livro Poesias nunca publicadas de Caio Fernando Abreu (publicado em 2012, após sua morte), com textos em que o autor reflete sobre a identidade.

MaleWitch | Deposiphotos

DIVERSIDADE E INCLUSÃO

Entender a diversidade é compreender a complexidade humana. Não são apenas os outros diferentes de mim, mas eu também sou diferente de todos. O educador brasileiro Reinaldo Bulgarelli (2008) trabalha essa ideia já no título de seu livro *Diversos somos todos*: a diferença não está fora, mas dentro de cada um de nós, e é muito importante que saibamos disso para não subjugar o outro. Já a inclusão é a prática de tal entendimento, em ações que possibilitem a integração das diferenças, colocando as pessoas em condições de equidade e nos mesmos espaços. Incluir, portanto, não é trazer o diferente para o grupo de iguais, porque não há iguais.

Ouça o conteúdo

De perto, ninguém é normal*

Caetano Veloso é cantor, compositor e um dos criadores do tropicalismo, que retomou o ideal da antropofagia modernista dos anos 1920 no Brasil: entender o Brasil, sua cultura e suas raízes, digerindo e misturando, em vez de copiar a cultura estrangeira.

* A frase é da música Vaca profana, escrita em 1984 por Caetano para Gal Costa, na voz da qual se imortalizou.

NORMATIVIDADE E RÓTULOS

O que são cabelos normais? Existem? Se sim, então há cabelos "anormais"? Como seriam? Se não, por que embalagens de xampus ainda estampam "Para cabelos normais"? Na verdade, o problema vai muito além dos xampus. O ideal de "normatividade" não é apenas sobre cabelo, mas também cor de pele, modelos corporais, estilos de vida. A ideia de que há um tipo "normal" de pessoa, seja nas características físicas, seja em gostos, costumes e crenças está muito presente na sociedade. O efeito disso são muitos grupos segregados, desrespeitados e muitas vezes buscando mudar sua essência para se sentirem bonitos, corretos e aceitos. Que tal menos rótulos, então?

Ouça o conteúdo

Tudo o que eu toco se transforma em mim*

Mario Quintana

foi escritor brasileiro chamado de "poeta das coisas simples"; exerceu também o jornalismo, traduziu textos e era considerado um grande mestre das palavras e do humor.

* Do poema A imagem e os espelhos (que está no livro Caderno H, que teve a primeira edição em 1973), em que Quintana nos convida a pensar na necessidade do outro para a construção do que somos.

ACESSIBILIDADE E DESENHO UNIVERSAL

Falamos muito mais de acessibilidade do que praticamos. E basta olhar à nossa volta para perceber o quanto construímos espaços pensando apenas nas maiorias que conseguem enxergar, andar e ouvir, por exemplo. Porém, estudo desenvolvido na Escola de Design da Universidade da Carolina do Norte (School of Design of North Carolina State University), nos Estados Unidos, lançou luz sobre essa questão, elencando sete princípios: equiparação, flexibilidade, uso simples e intuitivo, informação perceptível, tolerância ao erro, mínimo esforço físico e uso abrangente de espaços (CAMBIAGHI, 2017). Trata-se do conceito de desenho universal, segundo o qual é possível trabalhar a acessibilidade desde a concepção dos mais diversos contextos, minimizando adaptações. A ideia nasceu na arquitetura, mas pode se estender a tudo o que fazemos. Para tanto, precisamos lembrar que também somos diferentes nas condições de acesso a lugares, saberes e experiências.

Ouça o conteúdo

O seu olhar melhora o meu*

Arnaldo Antunes é músico, compositor, escritor e poeta brasileiro, expoente da poesia concreta, que busca dizer não apenas o que está escrito, mas também desenhado, na disposição das palavras e das letras.

* Trecho da música O seu olhar, de 1995, composta por Arnaldo Antunes e Paulo Tatit.

Aleksandr Kutakh | Shutterstock

PRECONCEITO E DISCRIMINAÇÃO

Somos todos potencialmente preconceituosos porque basta um primeiro olhar ou um tom de voz e já criamos conceitos sobre outrem, antes mesmo de o conhecer de fato. E é importante admitir isto: sim, eu estranho aquele que difere dos meus valores. Porém, o que eu vou fazer com isso é o que importa. Aí entra a diferença entre preconceito e discriminação. Ter preconceito é prejulgar, enquanto discriminar é segregar, é imputar ao outro alguma ação que o torne inferior, que o agrida física ou moralmente, que o separe de um grupo ou de oportunidades. Ter autocrítica diante dos estranhamentos e lutar diariamente contra preconceitos é uma forma de não discriminar.

Ouça o conteúdo

Escrevo sem pensar, tudo que meu inconsciente grita*

Mário de Andrade *foi escritor ícone de um dos movimentos mais importantes da cultura brasileira, o modernismo, que possibilitou uma criação genuína na arte, na literatura, na poesia, na arquitetura, na música...*

Frase escrita no "Prefácio interessantíssimo" (p. 19), do livro De Pauliceia desvairada a café (poesias completas), *no qual Mário complementa: "Penso depois: não só para corrigir, como para justificar o que escrevi".*

VIÉS INCONSCIENTE

Sigmund Freud foi pioneiro em entender lembranças escondidas em nossa mente, uma dimensão "inconsciente". Carl Jung trabalhou a ideia do ponto de vista coletivo. Ambos nos ajudam a entender o termo "viés inconsciente", o preconceito que se apresenta de forma não intencional, mas com potencial destruidor. Podemos detectá-lo em expressões e frases como: "coisa de mulherzinha", "gordinho, mas bonito", ou ainda em ações como agruparmo-nos sempre entre semelhantes a nós (inclusive nas contratações de funcionários).
O desafio, neste caso, é sair da "bolha" dos "iguais" e entender que a diferença sempre soma, não subtrai.

Ouça o conteúdo

O meu país é meu lugar de fala*

Elza Soares é cantora e compositora brasileira, que se tornou a voz das minorias e dos grupos vulneráveis, principalmente da mulher negra. Sua música é um grito contra a desigualdade e o preconceito.

* Da música O que se cala, que diz: "Mil nações moldaram minha cara. Minha voz uso pra dizer o que se cala. Pra que sujar o chão da própria sala?".

LUGAR DE FALA

Um homem nunca terá a mesma propriedade das mulheres ao falar sobre machismo, por exemplo, porque não vive as experiências delas, ou seja, está em outro lugar, não passando por assédios e opressões por que elas passam. Isso vale para muitos grupos sociais e nos ajuda a entender o conceito de *lugar de fala*. A filósofa Djamila Ribeiro (2019), autora do livro *O que é lugar de fala*, exemplifica bem essa questão diferenciando lugar de fala de representatividade: "Uma travesti negra pode não se sentir representada por um homem branco cis, mas este homem branco cis pode teorizar sobre a realidade das pessoas trans e travestis a partir do lugar que ele ocupa" (p. 85). Ou seja, o lugar de fala não cala ninguém. Contribui para essa questão outro termo importante: *ser aliado*, ou seja, abraçar causas de outros grupos sociais quando são justas e necessárias, respeitando sua fala e seu lugar.

Ouça o conteúdo

Se não sabe escutar, não sabe falar*

Heráclito

foi um pensador grego pré-socrático, considerado o pai da dialética. Para ele, as coisas estão sempre em constante transformação, numa síntese entre contrários (dia e noite, vida e morte, saúde e doença).

* Heráclito defendia, há mais de 500 anos a.C, a importância da escuta como forma de compreensão. No livro Heráclito, fragmentos contextualizados (2012), Alexandre Costa traz à luz dos dias de hoje a visão do pensador grego.

LUGAR DE ESCUTA

A era digital nos transformou em potenciais veículos de comunicação. Ganhamos poder de mídia e podemos publicar nossos pensamentos em um modelo descentralizado e distribuído de comunicação. Pelas redes sociais, potencializa-se, então, a cacofonia: muitos falando ao mesmo tempo e poucos querendo ouvir. Muitos cheios de verdade, poucos querendo aprender. Acontece que, muitas vezes, é mais importante ouvir do que falar, ou seja, exercitar o lugar de escuta. E o que vem a ser isso? Basicamente, saber respeitar a realidade do outro e sua condição, seu contexto, suas experiências e o quanto tudo isso tem a me ensinar.

Ouça o conteúdo

O maior espetáculo do pobre é comer*

Carolina Maria de Jesus

foi catadora de papelão e moradora de favela em São Paulo; escreveu o livro Quarto de despejo: diário de uma favelada, *traduzido em mais de dez línguas*

* *Do livro* Quarto do despejo: diário de uma favelada, *publicado em 1960.*

LUGAR DE PRIVILÉGIO

O mundo é desigual. Apenas 1% da humanidade detém 50% das riquezas, segundo estudo realizado em 2015 pela ONG britânica Oxfam. No Brasil, é pior. É importante conhecermos a realidade que nos cerca, reconhecendo em que lugar estamos nela. E é fundamental admitir quando ocupamos condições de privilégio, que não significam necessariamente culpa. Você que lê um livro já tem um privilégio em um país onde 44% da população não lê (conforme a pesquisa Retratos do Brasil, feita pelo Instituto Pró-livro em 2016). Então, você pode ajudar a mudar a realidade com o diferencial do conhecimento, lutando por uma sociedade mais justa, em vez de perpetuar a desigualdade. Nações mais desenvolvidas combateram desigualdades com justiça social.

Ouça o conteúdo

Tupi or not tupi, that is the question*

Oswald de Andrade foi um expoente do modernismo brasileiro, movimento que defendia a valorização de nossa cultura, o entendimento de nossas raízes e era contra a cópia de estrangeirismos.

* Eis uma síntese do Movimento Antropofágico, publicado na Revista de Antropofagia na década de 1920. A frase é uma paródia do "To be or not to be, that is the question" ("Ser ou não ser, eis a questão"), de Hamlet, de William Shakespeare, e nos chama a atenção ao olhar para nossa maior raiz cultural: os indígenas.

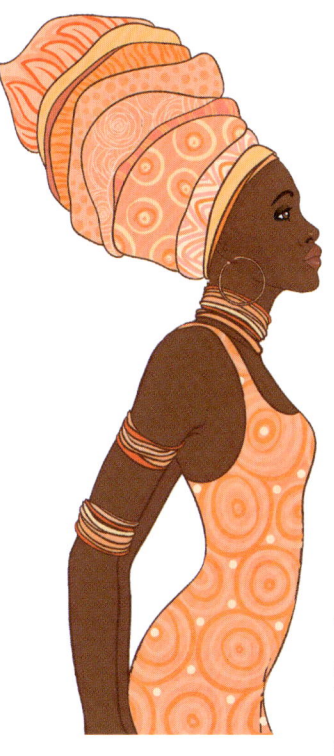

ACULTURAÇÃO E APROPRIAÇÃO

O nome "Brasil", da árvore que dá a tinta vermelha levada por portugueses que aqui desembarcaram em 1500, é resultado de um processo de aculturação. Aculturar é impor uma cultura, subjugando outra. Os indígenas foram aculturados pelo modo de vida europeu, e o pau-brasil levado daqui nomeou o país "descoberto". Já a apropriação cultural se dá pela apropriação de símbolos de um povo, esvaziando-os de seus significados. Rodney William, autor do livro *Apropriação cultural*, explica que a questão vai além de um branco poder ou não usar turbante, mas tem a ver com estruturas de poder que desrespeitam histórias e origens.

Ouça o conteúdo

Tarsila do Amaral foi uma pintora modernista ícone do movimento no Brasil, marcado pela valorização da cultura brasileira; criou Abaporu, a obra mais valiosa do Brasil; uma mulher à frente do seu tempo.

Eu invento tudo na minha pintura*

* Tarsila fala sobre sua criatividade inventiva em entrevista à revista Veja, em 1972, completando a frase: "E o que eu vi ou senti, estilizo".

CRIATIVIDADE E INOVAÇÃO

Ser criativo é o mesmo que ser inovador? Apesar de haver total ligação entre criar e inovar, não são exatamente a mesma coisa. A criatividade está no campo das ideias, enquanto a inovação tem a ver com prática, transformação. Daniel Goleman, autor de *Inteligência emocional*, diz que tudo começa na criatividade e se implementa na inovação. E o que isso tem a ver com diversidade? Tudo. Várias pesquisas mostram que, em ambientes que valorizam a diversidade humana, há maior criatividade e inovação. Empresas de ponta já perceberam isso e estão buscando valorizar as diferenças entre funcionários. Vale também para ambientes educacionais.

Ouça o conteúdo

Nosso caráter é resultado da nossa conduta*

Aristóteles foi um dos principais pensadores gregos da Antiguidade e o filósofo de maior influência no mundo ocidental ainda hoje. A obra Ética a Nicômaco é a base do entendimento da ética até na atualidade.

* Do livro Ética a Nicômaco, que Aristóteles escreveu para seu filho.

ÉTICA E MORAL

Fala-se muito em ética, mas o que significa? Aristóteles definiu ética como a prática de virtudes, e aí surge outra pergunta: o que é virtude? É o contrário do vício, a ação pelo bem não apenas a si próprio, mas também para o outro. Ética, então, é o conjunto de ações pelo bem comum. Seria o mesmo que moral? Não, mas se complementam, já que ambas têm a ver com a ideia do que é certo e errado. Na origem das palavras, entende-se a diferença entre elas: "ética" vem do grego *ethos*, que significa "conduta", enquanto "moral" vem do latim *moralis*, que significa "costume". Valores, crenças e tabus têm a ver com moral, enquanto a ética inclui o pensar em convivência.

Ouça o conteúdo

Todos nascem livres e iguais em dignidade e direitos*

Declaração Universal dos Direitos Humanos é um documento adotado pela ONU em 1948, após o horror de duas guerras mundiais, como um ideal de paz a ser seguido por todos os povos e todas as nações.

DIREITOS HUMANOS

Antes de tudo, é bom entender que direitos humanos são os seus e os meus direitos como gente, uma conquista ainda desafiadora e relativamente recente. O olhar para a pessoa com direitos individuais vem do iluminismo, pensamento norteador da Revolução Francesa, que inaugurou a Era Contemporânea no século XVIII. Já a ideia de se pensar em direitos humanos universais nasce no fim dos anos 1940, após duas guerras mundiais, geradas por experiências políticas extremamente desumanas, como o nazismo e o fascismo. A Declaração Universal dos Direitos Humanos é o documento global balizador para o tema, que precisa ser entendido, preservado e, mais do que isso, praticado.

Ouça o conteúdo

É o futuro da humanidade que está em jogo*

Al Gore é autor da obra Uma verdade inconveniente, em versões livro impresso e documentário, um impactante estudo sobre as mudanças climáticas. Foi vice-presidente dos Estados Unidos, no governo Bill Clinton.

* Frase dita em 2014, em sua passagem pelo Rio de Janeiro, no Treinamento de Lideranças em Mudanças Climáticas, registrada no site O Eco, de 6 de novembro de 2014.

SUSTENTABILIDADE

Fala-se muito nessa palavra, mas ainda se pratica pouco o que ela, de fato, significa. O que vem a ser, então, sustentabilidade? Encontramos uma resposta no relatório *Brundtland* (nome dado em alusão à então primeira-ministra da Noruega que, na década de 1980, foi designada a comandar uma comissão mundial de meio ambiente na ONU). "Desenvolvimento sustentável é o que satisfaz as necessidades do presente sem comprometer a capacidade das gerações futuras de suprir suas próprias necessidades", diz o relatório. Essa é uma premissa enormemente desafiadora. Porque tudo o que fazemos causa impacto em nós mesmos e no outro, tanto do presente quanto do futuro: nossas escolhas, o quanto compramos, o que comemos, nosso modo de viver. Mudar essa engrenagem significa parar de olhar para a Terra como nossa propriedade e entender que, depois de nós, outras tantas vidas aqui vão morar.

Ouça o conteúdo

Os animais sabem o que precisam saber. Nós não*

Fernando Pessoa foi um dos mais importantes escritores da língua portuguesa, considerado o poeta português mais universal. Sua genialidade não se bastava em si, tanto que criou heterônimos com personas diferentes.

* Trecho do livro Textos filosóficos, que começa assim: "O homem não sabe mais que os outros animais, sabe menos".

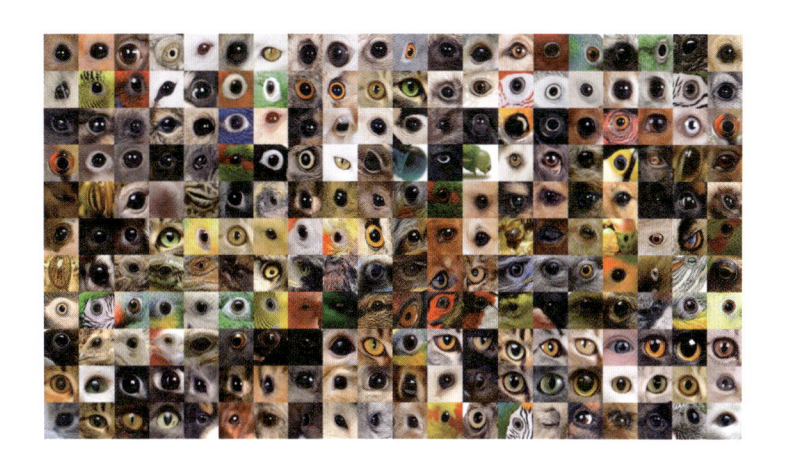

ESPECISMO

No filme *Avatar*, o diretor James Cameron "viaja" a outro planeta para nos propor um olhar sobre o que estamos fazendo com o nosso hábitat. Desligamo-nos da natureza, da qual somos filhos, passando a destruí-la em proporções assustadoras. O relatório *Planeta Vivo*, feito em 2018 pela ONG WWF (World Wildlife Fund) aponta que, em pouco mais de 40 anos, os humanos exterminaram 60% dos animais selvagens. A premissa de que nós, humanos, somos superiores aos outros tipos de vida (um preconceito chamado de "especismo") é geradora dessa realidade, que, se assim continuar, vai culminar em nossa própria destruição, porque somos apenas parte desse todo.

Ouça o conteúdo

Não se acha a paz evitando a vida*

Virginia Woolf foi romancista inglesa, uma das principais escritoras do modernismo do século XX. Nos anos 1920, abordava questões sociais e feministas em sua obra.

* Frase dita no filme As horas, com base na obra literária homônima (biografia de Virginia Woolf), de Michael Cunningham. A personagem Virginia está na estação esperando um trem para Londres, cidade que amava, e diz a frase ao marido.

COMUNICAÇÃO NÃO VIOLENTA

A comunicação não violenta é a melhor forma de se comunicar, apesar de rara em tempos de polarização. O psicólogo estadunidense Marshall Rosenberg, autor do livro *Comunicação não violenta*, convida-nos a entendê-la em quatro passos: observação, sentimentos, necessidade e pedido. Da seguinte forma: observar sem julgamento, entender o sentimento que a observação desperta, encontrar a necessidade que causa o sentimento e pedir, de forma concreta, para que as coisas se resolvam. Exemplo? Troque: "Você nunca me dá atenção!" por: "Quando você conversa comigo olhando no celular me sinto um pouco desprezado. Poderia olhar em meus olhos?".

Ouça o conteúdo

Sentimentos são pássaros em voo*

Rubem Alves foi um dos maiores educadores brasileiros. Era psicanalista e foi professor universitário, livre-docente na Universidade Estadual de Campinas. Teólogo presbiteriano, foi autor de diversos livros.

* Do livro Ostra feliz não faz pérola, em que Rubem Alves também diz: "Podemos prometer atos. Não podemos prometer sentimentos".

RAZÃO MAIS EMOÇÃO: AFETO

É muito comum dividirmos nossas ações entre racionais e emocionais, como se pudéssemos trabalhar essas duas "dimensões" de forma estanque. Esse entendimento maniqueísta, que durou muitos séculos (e encontra terreno fértil até no racionalismo pós-moderno), foi questionado pelo filósofo holandês Baruch de Espinoza, no século XVII. Para Espinoza, a razão precisa da emoção para se efetivar, e é importante que nos atentemos para a dimensão do afeto (aquilo que nos afeta, que nos move). Precisamos entender o que nos afeta em nossa subjetividade para poder agir racionalmente em consonância com nossos afetos. É um belo desafio!

Ouça o conteúdo

Ariano Suassuna foi escritor brasileiro, romancista, poeta, dramaturgo, além de professor e advogado, membro da Academia Brasileira de Letras. Deu voz, com genialidade, ao folclore nordestino, em obras como O auto da Compadecida.

Eu me considero um realista esperançoso*

* Em entrevista ao jornal **Folha de S.Paulo**, em 2007, em que completa: "Os otimistas são ingênuos. Os pessimistas, amargos".

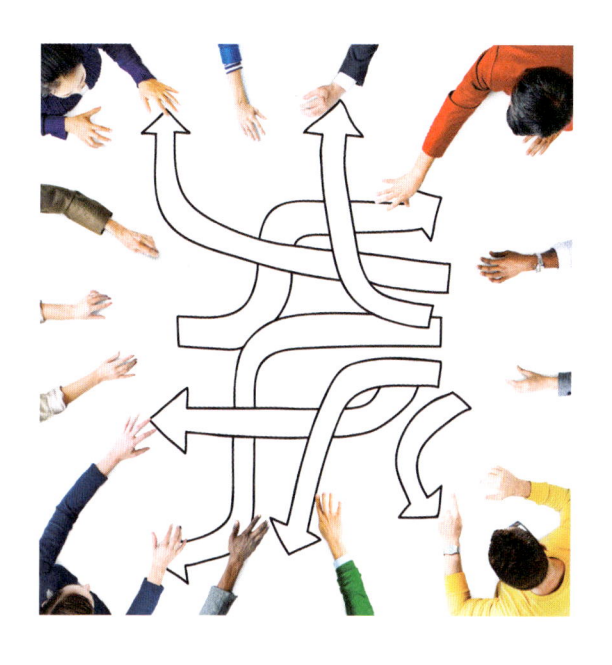

DIALOGISMO

É possível uma comunicação feita com base no diálogo, que rompe com o modelo vertical das mídias de massa e trabalha a mediação. Esse pensamento tem base na América Latina, e tem Paulo Freire como uma das figuras mais importantes. No livro *Extensão ou comunicação?*, Freire nos ensina tomando como exemplo a relação entre um agrônomo e um agricultor. Seria extensão o agrônomo apenas transferir seu conhecimento técnico ao agricultor, e isso é um ato aculturador, pois exclui os conhecimentos do homem do campo. Já a comunicação, na visão freiriana, se dá no diálogo entre ambos, na coparticipação, no encontro dos sujeitos em busca de significados. Dessa forma, ambos se educam para a liberdade.

Ouça o conteúdo

Se podes olhar, vê. Se podes ver, repara.*

José Saramago foi o escritor português ganhador dos prêmios Nobel de Literatura (1998) e Camões (1995). Autor de clássicos como O evangelho segundo Jesus Cristo, foi fundamental para a valorização da língua portuguesa na literatura mundial.

* Do livro Ensaio sobre a cegueira, em que Saramago narra a epidemia de cegueira que se espalha em uma cidade. Mas ele também nos convida a entender a cegueira dos que podem ver, na sociedade em que vivemos.

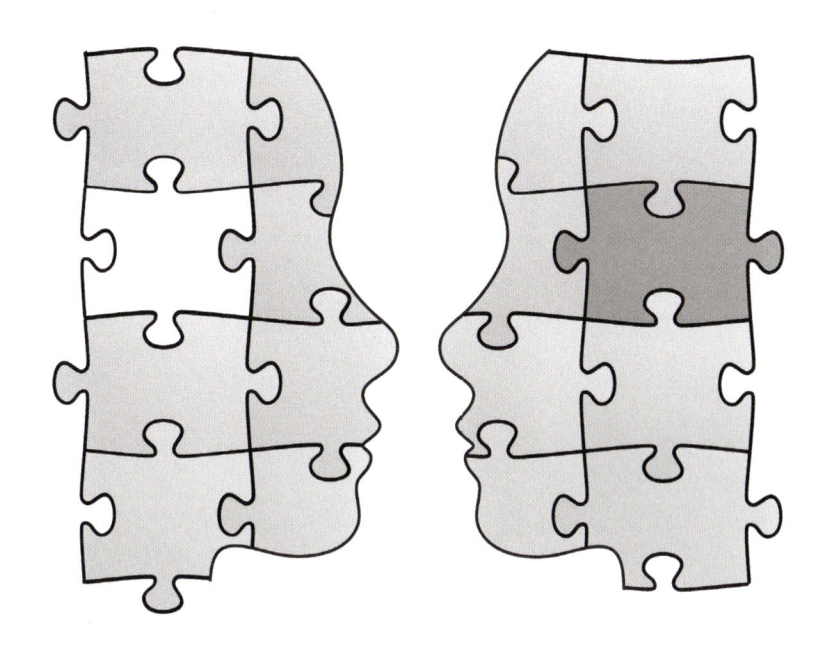

EMPATIA: TENTAR "SER" O OUTRO

Colocar-se no lugar do outro é a definição mais utilizada para empatia, mas vale uma reflexão: temos a capacidade de nos colocar totalmente no lugar de alguém? Difícil, pois nunca conseguiremos estar exatamente sob os mesmos referenciais de outra pessoa. Entretanto, sempre é possível tentar enxergar a situação sob o prisma de uma outra pessoa. O exercício empático é um modo de deixarmos o individualismo de lado, entendendo que há muitas realidades diferentes que ajudam a entender a ação humana. Os depoimentos das próximas páginas nos ajudam a perceber isso.

Ouça o conteúdo

PARTE 2:
HISTÓRIAS DE VIDA, CONTEXTOS E REFLEXÕES

A segunda parte do livro traz, nas páginas pares (à esquerda), histórias de pessoas e suas diferenças e, nas ímpares (à direita), reflexões e contextos.

As narrativas começam pela origem da nossa história como país: uma mulher indígena. Em seguida, uma jovem conta a realização dos seus sonhos por meio do primeiro emprego. Depois, relatos de professores diversos nos convidam a pensar na essência da nossa formação e na importância dos educadores. Trabalhadores braçais, muitas vezes "invisíveis" por causa do preconceito, contam sobre sua luta, seus sonhos e sua dignidade. Histórias de pessoas e o entendimento de seu gênero, sua deficiência, sua orientação, seu tipo de corpo, seu ativismo, sua crença, sua condição social ou sua idade nos fazem refletir sobre padrões impostos. As narrativas se encerram com a aposentada que ainda trabalha para sobreviver e relata sua labuta como mulher, negra e idosa.

O fio condutor entre essas pessoas é sua humanidade e cidadania, a que todos têm direito na plenitude de suas diferenças, nos seus grupos de minoria ou ação educadora, inclusiva, ativista e humanitária.

A ideia não foi fechar uma amostra da diversidade, tampouco imaginar que aqui está toda a diferença humana representada. A proposta é abrir um diálogo inspirado por essas histórias de vida – e de outras.

Ouça o conteúdo

Histórias

Líder indígena, mulher 74
Se a água acabar, o computador não resolve 76
O "ser quando crescer" e meu primeiro emprego 78
Sou diarista e ganho meu pão honestamente 80
Trabalho com a terra e sonho com mais igualdade 82
Escolhi formar pequenos cidadãos e acertei 84
Educar é plantar para aliviar a fome do saber 86
Ensino o que é cuidar para vencer a frieza 88
Encontrei na educação um lugar que dá voz 90
Da escola especial aos sentidos da diferença 92
Se não for para incluir, nem eduque! 94
Compreender a maneira de lidar com cada um 96
A educação precisa nos representar, de fato! 98
As empresas podem ser parte da solução 100
Da aluna humilhada à professora grata 102
Superei a depressão e hoje quero salvar vidas 104
De repente a vida te vira do avesso 106
A aids precisa ser combatida no estigma 108
O sentido do que faço é pelos direitos humanos 110
Larguei tudo, peguei a estrada e vivo o incerto 112
Um estrangeiro é uma pessoa igual a todas 114
Deixei meu cabelo ser o que é só aos 18 anos 116
Após relacionamentos abusivos, empoderei-me 118
Os abusos e as armaduras para as lutas futuras 120
Vou usar as roupas que eu quiser, sim! 122
Sou surda, mas podemos interagir 124
Ainda é um desafio a acessibilidade aos cegos 126
Sou universitário com medalhas na natação 128
Nem tudo é do seu jeito. E pode ser melhor 130
Crianças que ninguém enxerga me ensinam 132
O que me move é a compaixão pelos animais 134
Podemos abraçar ações ambientais concretas 136
Descomplicar aquilo que não deve ser complicado 138
Sou como a ferrugem numa engrenagem 140
Nossa família tem nome e sobrenome 142
Você é quem deve construir sua história 144
Transgressões 146
O alimento da alma 148
Cristã, creio no amor e respeito outras crenças 150
Sou budista e acredito na pluralidade da fé 152
Derrubei preconceitos e me achei na umbanda 154
Conto as histórias dos "invisíveis" das ruas 156
Eu, favelado, e os livros 158
O trabalho me completa 160
Recomecei do zero e hoje acho que fiz minha parte 162
Você 164

CONTEXTOS E REFLEXÕES

- 75 QUANDO ACABARÁ A ACULTURAÇÃO?
- 77 SEM RAIZ, NENHUM PAÍS FICA EM PÉ
- 79 SONHOS E PROJETOS DE VIDA
- 81 TRABALHO E INVISIBILIDADE
- 83 DIPLOMA E ABISMO NOS SALÁRIOS
- 85 NÃO HÁ HORIZONTE SEM PROFESSORES
- 87 AS "FOMES" QUE SE RETROALIMENTAM
- 89 VENCER A FRIEZA QUE APAGA A ARTE
- 91 NEUTRALIDADE NÃO EXISTE AO EDUCAR
- 93 SEGREGAÇÃO NÃO É EDUCAÇÃO
- 95 INTELIGÊNCIAS SÃO MÚLTIPLAS
- 97 A CIÊNCIA LIBERTA, ABERTA E INCLUSIVA
- 99 PRECISAMOS ENCARAR O RACISMO
- 101 HORIZONTES EDUCATIVOS
- 103 PROFESSORES E SEUS SUPERPODERES
- 105 O MAL DO SÉCULO E O PRECONCEITO
- 107 BUSCA, RESILIÊNCIA E ESPERANÇA
- 109 NEM CÉU NEM INFERNO. NA TERRA!
- 111 O DIREITO DOS OPRIMIDOS
- 113 ENCONTRAR UM SENTIDO DE VIVER
- 115 SOMOS ANDARILHOS DA HISTÓRIA
- 117 CABELO BOM
- 119 É PRECISO MUDAR UMA CULTURA
- 121 EDUCAR DESDE CEDO CONTRA O ABUSO
- 123 VIVA SEU CORPO!
- 125 O SENTIDO DA PRESENÇA
- 127 ENXERGAR ALÉM DOS OLHOS
- 129 UM AMÁVEL ALUNO QUE ME ENSINOU
- 131 APRENDER A CONVIVER
- 133 É FÁCIL RESPEITAR OS "IGUAIS"
- 135 UMA LUTA ÁRDUA
- 137 QUANDO ACORDAREMOS?
- 139 QUEBRAR O SILÊNCIO PARA DESCOMPLICAR
- 141 A NATUREZA GRITA E A ARTE RESPONDE
- 143 AMOR É AMOR
- 145 GÊNEROS E IDENTIDADES
- 147 SAIR DA CAIXA E TRANSCENDER
- 149 HUMANIZAR PARA BUSCAR O DIVINO
- 151 AMOR AO PRÓXIMO, O ESSENCIAL
- 153 SER BOM A TODOS OS TIPOS DE VIDA
- 155 OS ORIXÁS E A NATUREZA
- 157 JULGAR MENOS PARA HUMANIZAR MAIS
- 159 PÁGINAS DE EMANCIPAÇÃO
- 161 A QUESTÃO GERACIONAL
- 163 FELIZES OS QUE ENVELHECEM
- 165 (CON)VIVA (N)A DIFERENÇA!
- 167 ESSA GENTE QUE NOS CONVIDA A SER GENTE

Jerá Guarani

Líder indígena, mulher

Nasci na capital de São Paulo, na terra indígena que hoje se chama Tenondé Porã, onde tem oito aldeias. Fui uma das primeiras a estudar a escolarização do juruá (homem branco) e acabei me tornando a primeira professora guarani aqui a ser contratada pela Secretaria do Estado da Educação para lecionar a minha língua materna.

Abandonei a carreira de docente para me dedicar e provar para mim mesma que seria capaz de deixar de lado uma vida de assalariada para fortalecer um dos aspectos da minha origem: me tornar uma agricultora guarani, assim como foram minha mãe e meu pai, para fortalecer a realidade de ter um trabalho tão gratificante de poder plantar e coletar, alimentar o corpo e também nosso espírito guarani.

Vou para as outras aldeias. A gente conseguiu produzir mais de cinquenta tipos de variedades de batata-doce, nove tipos de milho, que contêm suas cores vermelha, roxinha, branca, amarelinha, que eu achava que nunca mais ia ver. Hoje temos. Então, o que eu faço hoje fortemente é lutar pela soberania e pela sustentabilidade através de nossas próprias comidinhas não transgênicas, sem agredir o meio ambiente.

Também faço parte da equipe de lideranças que hoje compõe a aldeia e, com uma reorganização, a gente tirou a figura do cacique para inserir uma composição de várias pessoas, que estamos chamando de "conselho guarani". É composto por mulheres e homens, tanto mais velhos quanto jovens, e essa organização é muito mais consolidada: o poder da aldeia se diluiu. Isso traz mais força, porque uma pessoa só não vai deliberar uma coisa importante, tudo tem de ser conversado coletivamente. (continua na página 76)

QUANDO ACABARÁ A ACULTURAÇÃO?

Com a chegada dos portugueses ao Brasil, os povos indígenas que aqui viviam sofreram um processo de aculturação que se vê presente até hoje. Foram submetidos à fé, à língua e à forma de produzir do colonizador, sob pena de pagar com a própria vida, caso resistissem. A liderança dos caciques, concentrada em uma só pessoa, foi também cooptada para a entrega de toda a aldeia aos interesses portugueses. Com toda sua imensidão territorial e já com mais de 200 milhões de habitantes muito miscigenados, o Brasil é um dos poucos países colonizados que só fala a língua do colonizador, e a cultura indígena está cada vez menos lembrada, respeitada e protegida.

Ouça o conteúdo

Se a água acabar, o computador não resolve

Muitos desconhecem a realidade do povo indígena no Brasil, acham que todo mundo morreu ou que quem usa roupa não é mais índio, ou acham que indígenas do mato fazem atrocidades... Isso de forma às vezes intencional, para fazer com que a sociedade fique contra o povo indígena.

Os maiores desafios para entender as nossas diferenças, do povo guarani em relação à sociedade de juruá, é que a sociedade não indígena está, em maioria, perdida na busca de felicidade. A sociedade não indígena endureceu na ideia de que para ser feliz a gente tem de ter muito, tem de acumular muito.

A gente agradece pela chuva, pelo sol, pelas comidas colhidas, pela nossa saúde, e a gente quer continuar vivendo com o suficiente, porque esse suficiente para a gente já é muita coisa. Poder ter água limpa, poder ouvir os animais, aprender com os animais, aprender com a natureza, aprender uns com os outros...

Viver integrado com a natureza para a gente é muito suficiente. Não precisamos de mais que isso para ter uma vida digna e feliz.

Como ser humano, tenho muitos sonhos. Os não indígenas já viveram também como indígenas, no mato, na roça, no plantio, nas trocas, na coletividade, sem ganância. Meu sonho é que, nesse momento, os juruás se lembrassem um pouco disso, do quanto este planeta é tão bom para a gente e que, independentemente da explicação científica, religiosa ou cultural, a gente não tem nosso alimento vindo de outros planetas, tudo vem daqui.

Se a água acabar, se a comida acabar, não vai adiantar ter bolinhas e bolinhas e bolinhas de dinheiro no computador, porque isso não vai salvar a vida de ninguém.

Ouça o conteúdo

SEM RAIZ, NENHUM PAÍS FICA EM PÉ

Jerá Guarani encarna a esperança de resistência em uma realidade hostil. Segundo a Pastoral da Terra, o número de mortes de líderes indígenas no Brasil, em 2019, é o maior em pelo menos onze anos. Hoje, a extração ilegal de madeira, o garimpo ilegal e a devastação das florestas para a pecuária são as ameaças, em uma realidade que ecoa dos tempos da colonização. Para entender o contexto histórico, a população indígena, no ano de 1500, era de aproximadamente 3 milhões, segundo a Funai. Caiu para 817.963, em 2010, conforme dados da Funai com dados do IBGE (2011). E fica a pergunta: até quando arrancaremos duplamente nossas raízes, a de nossa cultura-mãe e a de nossa mãe-natureza?

Thais Nascimento

O "ser quando crescer" e meu primeiro emprego

Sempre adorei imaginar meu futuro, então a clássica pergunta do que eu seria quando crescesse sempre foi muito recorrente e mutável: ora bailarina, ora policial, ora chef de cozinha que viajaria o mundo ou uma estilista...

Filha de dois nordestinos, um marceneiro e uma cabeleireira, meus pais nunca limitaram meu horizonte. Prestei vestibular para comércio exterior e passei, mas mudei para arquitetura quando soube da aprovação da minha bolsa integral.

É engraçado que, ao sair do ensino médio, a gente já dá de cara com um mercado supercompetitivo, exigente e que coloca como requisito uma experiência que você ainda não teve oportunidade de adquirir. Comecei a procurar por vagas de jovem aprendiz e fui aprovada, o que foi fundamental para minha inserção no mercado. É muito importante quando há instituições comprometidas com nosso futuro.

Meu primeiro salário foi para comprar minha prancheta de desenho, mas acho que o que mais marcou foi conseguir comprar presentes para os meus pais, tentar retribuir um pouco o tanto que eles fazem por mim.

Para o futuro, desejo uma bagagem de experiências. E com o término da graduação poder construir e materializar os sonhos de muitas pessoas e compartilhar conhecimento, por meio de educação e pesquisa (mestrado e doutorado).

Ouça o conteúdo

SONHOS E PROJETOS DE VIDA

As palavras de Thais são a voz de um Brasil tão bem representado no documentário *Nunca me sonharam*, que nos alerta para a necessidade de entender (e alimentar) os sonhos dos jovens estudantes. Quando fiz minha pós-graduação, pesquisei as maiores referências dos alunos do ensino médio na hora de decidir pela profissão, e o resultado foi um empate entre família, professores e informações coletadas na internet. Talvez esse tenha sido um recado para unirmos a escola, a família e a tecnologia na construção de projetos de vida. E, claro, com políticas públicas que garantam oportunidades (como bolsas e incentivos) a talentos como Thais. Ou um país investe em seu futuro ou patina no passado.

Damiana da Costa

Sou diarista e ganho meu pão honestamente

Vim da Paraíba, em 1985, e lá já trabalhava como doméstica, limpando casarões, bem no interior. Lá é assim: quem é rico é rico e quem é pobre é muito pobre. Comecei a limpar casas aos 12 anos para não morrer de fome. Eu não tinha chinelo para calçar nem pasta de dente. Passei muita fome mesmo.

Resolvi vir pra São Paulo pra trabalhar, com a cara e a coragem. Casei, tive quatro filhas, me separei. Fui cuidar da minha vida mais três filhas (a outra já era casada). Foi muito sofrimento. Meu ex-marido era doente, me agredia, eu dormia na rua com as meninas, porque eu não tenho ninguém aqui.

Aí fui pagar aluguel com minhas filhas. Mobiliei uma casa, fazendo carnê. Hoje, não devo um centavo pra ninguém! Casei de novo e estou bem.

O nosso serviço, tem gente que não dá valor. Tem uns que dão, outros não... Tem rico que quer pisar. Uma vez, eu estava na sala, aspirando o tapete, e uma patroa que tive falou: "Se você manchar esse tapete vai trabalhar o resto da sua vida e não conseguirá pagar". Essa mulher me humilhou muito. Eu não tomava água nos copos dela nem usava os talheres dela, porque ela não admitia. Eu não concordo, mas fazer o quê? Mas eu falo com orgulho que sou diarista. Sou feliz, ganho meu pão de cada dia honestamente e faço meu serviço com prazer.

Ouça o conteúdo

TRABALHO E INVISIBILIDADE

Dona Damiana é uma mulher que deu certo na vida, pois escolheu a dignidade como caminho. Errada está uma sociedade incapaz de tratá-la à altura de sua dignidade e da dignidade de trabalhos como o dela, feitos por pessoas que muitas vezes parecem "invisíveis" aos olhos de boa parte dos que ganham seu pão com o intelecto. Um estudo realizado pela consultoria Mercer, feito em 130 países e divulgado em 2018, aponta que um funcionário de alto escalão no Brasil chega a receber 34 vezes mais que seu colega operacional. Na Alemanha, esse abismo cai para apenas 7 vezes. Os números escancaram um Brasil onde ecoam três séculos de escravidão. Nós precisamos enxergar as Damianas!

Caio César da Silva

Trabalho com a terra e sonho com mais igualdade

Sou filho de mãe doméstica, de família sem acesso à educação e renda. O que a minha mãe ganhava mal dava para pagar a despesa do mês. Aos 15 ou 16 anos, comecei a catar esterco de vaca para donos de hortas de uma cidadezinha mineira e depois a vender salgado. Aos 19 anos, fui trabalhar na roça de produção de eucalipto. Trabalhei debaixo de sol e chuva e abandonei a escola no primeiro ano do ensino médio, pois a dupla jornada acabava comigo. Resolvi vir a São Paulo após saber de uma tia que tocava candomblé aqui e fiquei curioso, depois fascinado pelo toque dos tambores, o balé dos orixás.

Comecei a trabalhar numa empresa de limpeza e hoje sou jardineiro em uma universidade. A terra me conecta com o sagrado. Já faz quase uma década que cuido desse milagre que é a mãe natureza, preservando, amando, cantando, enquanto trabalho e aprendendo sempre com ela.

Tive a oportunidade de ingressar na vida acadêmica e escolhi o curso de serviço social, pois acredito que posso fazer a minha parte na sociedade em prol da igualdade humana, combatendo o ódio, o desrespeito pelas diferenças e a falta de empatia. O meu desejo é que todos aprendam que nenhuma criatura humana é melhor do que outra, pois estamos em um ecossistema e dependemos uns dos outros.

Ouça o conteúdo

DIPLOMA E ABISMO NOS SALÁRIOS

Caio ainda é uma exceção no Brasil. Após um histórico de dura labuta braçal, ele ingressou na universidade, um diferencial importante em um país que valoriza muito mais quem tem diploma. Segundo o relatório *Um olhar para a educação* (2015), da Organização para a Cooperação e o Desenvolvimento Econômico (OCDE), quem possui formação universitária por aqui ganha mais que o dobro (2,5 vezes mais) do que os que têm apenas ensino médio. É uma diferença maior do que em outros países. Em outras 46 nações, essa diferença salarial é, em média, 1,6 vezes maior para quem tem diploma universitário. É o abismo da cátedra num Brasil de desigualdades.

Elizângela Procópio

Escolhi formar pequenos cidadãos e acertei

Em 1992, com apenas 16 anos, precisei fazer uma escolha, como vários adolescentes: uma profissão. Com essa idade, quanta responsabilidade! Escolhi então fazer o magistério, depois pedagogia e acertei na escolha, tenho total certeza.

Ingressei na educação infantil, minha opção. Na educação infantil, a criança irá socializar, fazer novos amigos, relacionar-se com outras crianças e adultos, compreender e respeitar as diferenças, desenvolver sua autonomia. Meu papel nessa aprendizagem é ouvir essa criança, deixá-la ser protagonista, incentivar as descobertas.

Já se passaram dezesseis anos na rede municipal de São Paulo, na qual, com muito esforço, hoje como coordenadora, dedico-me a uma educação de qualidade e defendo a educação pública, pois sei que cada professor que ali está faz seu trabalho com muita dedicação e da melhor forma, pois se assim não fosse não haveria motivo para continuar.

Estou formando pequenos seres humanos que possam ser cidadãos participativos e críticos. A sociedade precisa desse cidadão, precisa de pessoas atuantes e em luta por um lugar mais justo para se viver.

Ouça o conteúdo

NÃO HÁ HORIZONTE SEM PROFESSORES

Apenas 2,4% dos adolescentes brasileiros querem ser professores, segundo relatório *Políticas docentes efectivas: conclusiones del informe PISA*, da OCDE de 2018. Dez anos antes, esse percentual era de 7,5%. Caiu cinco pontos percentuais em apenas uma década e pode cair mais, haja vista a condição do professor. Segundo a mesma OCDE, o Brasil lidera o *ranking* mundial de violência contra educadores. Quando Elizângela diz que acertou em escolher a pedagogia, acende um lampejo de esperança, mas ainda em um ambiente difícil. Precisamos de mais Elizângelas, que só surgirão quando o país despertar da ignorância e valorizar, de fato, a educação.

Tainã Briganti

Educar é plantar para aliviar a fome do saber

Quando eu era criança, cheguei a trabalhar plantando comida. Não era para mim e passei fome. Mais tarde, descobri outra fome que sempre me acompanhava e ainda me acompanha: a "fome" de conhecer e aprender.

Talvez seja por isso que me tornei professor. Atuando no terceiro setor, deparei-me com situações de vulnerabilidade. Já vi alunos meus com fome de comer, uma constante em muitas escolas deste país. Mas, igual a mim, eles também têm fome de conhecimento, um direito muitas vezes negado.

Ao atuar em projeto socioeducativo de uma grande favela de São Paulo, percebi, inicialmente, que muitos alunos iam à escola para comer e havia uma escassez do conhecimento como comida. E novamente me senti plantando.

Para se combater a fome do conhecimento precisamos plantar. Plantar ideias, debates, novos olhares, senso crítico, humanização nas relações. Para colher pessoas melhores.

Carolina Maria de Jesus, uma catadora de papelão e moradora de favela, no seu livro Quarto de despejo, diz que a fome deixa a gente com olhar amarelo e que só depois de comer isso passa. A ignorância também turva nossa visão.

Minha missão de educador é plantar contra todo tipo de fome.

Ouça o conteúdo

AS "FOMES" QUE SE RETROALIMENTAM

No Brasil, há muitos alunos que vão à escola principalmente por causa da merenda e, nas férias, passam fome. Em *Cenário da infância e adolescência no Brasil 2018*, a Fundação Abrinq estima que 9 milhões de brasileiros entre 0 e 14 anos estão em situação de extrema pobreza. Com a fome no estômago, fica difícil resolver a fome de saber. As duas "fomes" que Tainã cita estão, portanto, relacionadas. O antropólogo Darcy Ribeiro, autor de *O povo brasileiro*, dizia que a crise da educação no Brasil não é uma crise, é um projeto. Assim, segregados da educação de qualidade, muitos acabam perecendo em subempregos, quando os têm. E o ciclo das "fomes" se fecha.

Brendo de Lima

Ensino o que é cuidar para vencer a frieza

Quando pequeno, tive que aprender no dia a dia o que era sentir-se só por conta da cor da pele ou ser ignorado por outros meninos por conta da feminilidade em mim. Foi o canto que me abriu os olhos. Foi a arte de interpretar outras vidas além da minha que me concedeu possibilidades táteis, desvendou meu olhar para descobrir o humano em cada um. Até que eu mesmo me olhasse no espelho, como arte-educador de 26 anos, negro, queer e com grande fé nos orixás, e encontrasse o que havia de humano em mim, para daí me tornar mais forte do que qualquer preconceito.

Num mundo onde, pouco a pouco, o acolhimento foi esquecido e a frieza se tornou corriqueira, me disponho a ensinar o que é cuidar. Um cuidado de alma, de camadas mais profundas do que a pele.

Na gentileza de se estender a mão ou na alegria de cantar em conjunto. Na ação de chamar a todos que o cercam pelo próprio nome. Sempre acreditei que a maior arma contra a ignorância era a de se conhecer e se aceitar em essência, para que um dia fosse possível viver num lugar capaz de permitir todas as diferenças, as escolhas e as opiniões.

Ouça o conteúdo

VENCER A FRIEZA QUE APAGA A ARTE

"A ciência descreve as coisas como são. A arte, como são sentidas." Assim Fernando Pessoa (2006) define arte, capaz de nos transportar para as profundezas do humano. No Brasil de Brendos que lutam para ensinar arte, 42% não consomem cultura – segundo a pesquisa *Panorama setorial da cultura brasileira*, idealizada pela professora Gisele Jordão e aplicada pelo Ibope em 2013 – e um terço do país (32%) depende de acesso gratuito para ir a eventos culturais, conforme levantamento aplicado pelo Datafolha e J-Leiva Consultoria, em 2018. É preciso ensinar mais arte, desde cedo, assim como criar políticas públicas de acesso a ela. Segundo reportagem da BBC Brasil, de 3 de setembro de 2018, em 2017, mais brasileiros visitaram o Louvre, em Paris, do que o Museu Nacional, no Rio, que foi destruído por um incêndio, mas, antes, pelo descaso. De todos nós.

Danielle Cristina Santos

Encontrei na educação um lugar que dá voz

Sou de família em que a profissão para mulheres era na área da educação e vivi muito em hospitais com meu irmão, meu pequeno "filho" que tinha paralisia cerebral. Queria sair da tradição exercendo a medicina, mas por necessidade fiz magistério e o sonho da minha avó que me criou, que eu fosse uma exímia datilógrafa, me fez entrar no terceiro setor.

Encontrei nessa área a educação integral e espero que a escola um dia possa usufruir dessas práticas para auxiliar na formação de nossos jovens e adolescentes.

Sou pedagoga, pós-graduada em gestão educacional e pós-graduanda em gestão estratégica de negócios. Filha de pais separados e primos de primeiro grau, com educação formada pela avó analfabeta e com a responsabilidade dos cuidados do meu pequeno especial, encontrei na educação, principalmente no terceiro setor, um meio de dar voz ao meu "filho", pois minha história mistura-se às histórias de adolescentes e jovens das instituições. Fazê-los olhar além, inspirar-se em alguém, acreditar em si, tornar-se pertencentes ao meio me fez investir na educação e materializar cada um dos atores, como a voz do meu "filho", que não andava, não falava e comunicava-se pelo olhar, pelo choro e pelo sorriso.

Ouça o conteúdo

NEUTRALIDADE NÃO EXISTE AO EDUCAR

Não existe neutralidade no ensino. Diante de um aluno segregado por preconceito de uma "maioria", se o professor nada faz acreditando estar sendo "neutro", está, na verdade, escolhendo um lado, o da exclusão daquele estudante. É o que nos ensina o pesquisador Richard Miskolci (2014). Por isso, o papel de educar é, sim, dar voz, razão que move Danielle a ser educadora. Dar voz a todos, principalmente aos que são calados por realidades segregadoras; empoderá-los à dignidade, tornando-os capazes de construir uma realidade em que, como também diz Miskolci, seja possível naturalizar a diferença do outro e de todos nós.

Maria Aparecida Ouvinhas Gavioli

Da escola especial aos sentidos da diferença

Há 54 anos, quando iniciei como docente numa escola multisseriada de zona rural, o que mais me intrigava era a questão da diferença na aprendizagem. Na época, nem se sonhava com a "inclusão".

Assumi a direção de uma escola municipal de educação especial. Acreditava-se que a educação de pessoas com deficiência poderia ser melhor em ambientes restritos. Comecei a perceber o equívoco que havia se estabelecido. Após um ano de vida da escola especial e sem tirar o mérito e o trabalho da mesma, já estava disposta a mudar essa situação, pois tinha claro que a inclusão seria o único caminho. Agrupar por semelhança jamais levaria a um ensino de qualidade. Iniciei o processo de inclusão, que foi concluído há alguns anos.

O ensinar na perspectiva da diferença é disponibilizar as inúmeras estratégias para todos e acreditar que todos podem aprender, cada qual a seu tempo e a seu modo; é transformar a escola para acolher a todos os alunos, mudando suas práticas e desestabilizando certezas; é evitar comparações, definindo modelos, ou categorias de pessoas; enfim, é aceitar e respeitar o outro como ele é, permitindo-lhe seguir sua trajetória singular, transformando-se a cada dia pela capacidade multiplicativa da diferença.

Ouça o conteúdo

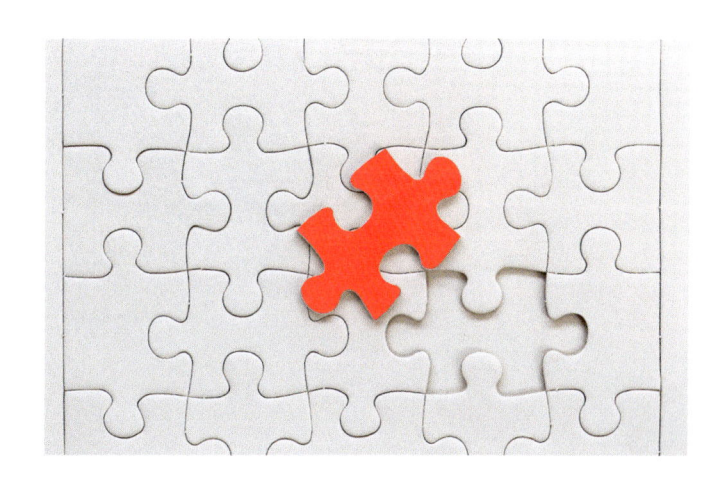

SEGREGAÇÃO NÃO É EDUCAÇÃO

Em 1961, a Lei de Diretrizes e Bases da Educação no Brasil falava em "enquadrar, no que for possível", os então chamados "excepcionais". Dez anos depois, no governo militar, a Lei nº 5.692 estipulou que: "Os que se encontrem em atraso considerável deverão receber tratamento especial". Após a redemocratização, foi-se buscando mais integração até que, em 2015, a Lei Brasileira de Inclusão trouxe avanços para "Promover, em condições de igualdade, o exercício dos direitos por pessoa com deficiência" (os dados constam em informativo sobre educação inclusiva da ONG Todos pela educação). O relato de Maria Aparecida nos ajuda a entender a época da segregação e o enorme desafio presente de evoluir sem separar. É uma luta em curso.

Rosanna Bendinelli

Se não for para incluir, nem eduque!

Sou pedagoga, mestre pela USP e doutoranda pela mesma instituição. Nunca fui boa aluna, sou repetente e mudei sete vezes de escola porque não me adequava a nenhuma. Minha primeira recuperação? Na 3ª série do fundamental I.

A verdade é que o mundo tem espaço para todos e todas e, afinal, essa é nossa luta, não é? Podem existir professores doutores repetentes e com dificuldades de aprendizagem como eu, assim como existem professoras com síndrome de Down fantásticas ou advogados cegos, atletas paraplégicos, pilotas mulheres e assim por diante.

Com o tempo, compreendi o segredo disso tudo: respeito. Tão simples! Tão caro e raro...

O período escolar da criança, adolescente, jovem imprime marcas seriíssimas por toda a vida. Não somos super-heróis como insistem em nos chamar nas redes sociais nos 15 de outubro. Mas temos o poder, sim, de destruir ou de resgatar vidas, dependendo de nossa postura inclusiva ou não. São escolhas. Se não for para ser inclusivo, por favor, não seja professor!

Ouça o conteúdo

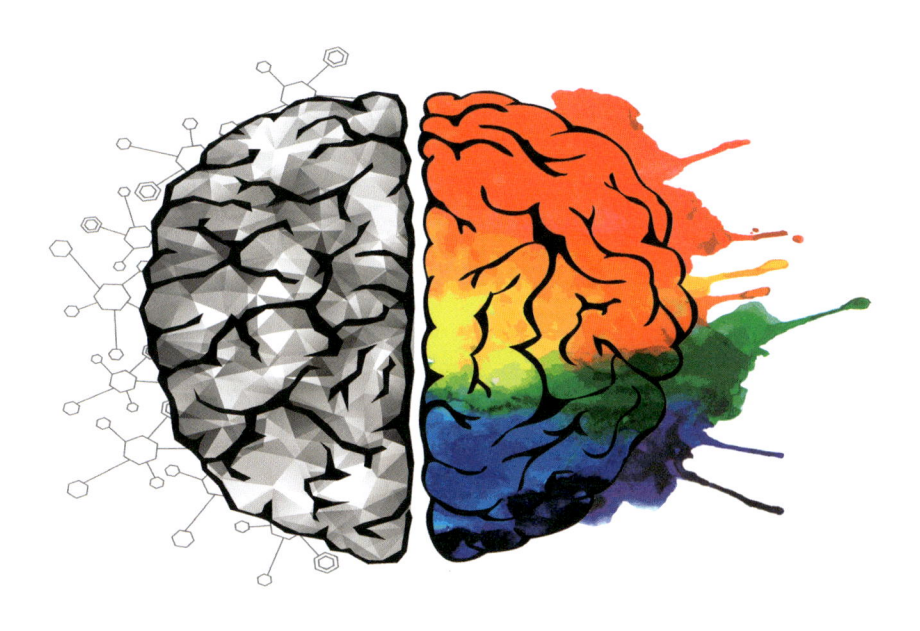

INTELIGÊNCIAS SÃO MÚLTIPLAS

Já houve quem teorizasse que a inteligência seria explicada apenas pela genética, a tal "eugenia" que deu combustível para o nazismo. Depois veio o conceito de "quociente de inteligência", que poderia ser medido por meio de um "teste" de lógica. Até que chegou Howard Gardner, psicólogo de Harvard, que lançou luz sobre a complexidade de nossos talentos com o livro *Inteligências múltiplas*. Ele listou oito inteligências – sendo a lógica apenas uma delas –, que se combinam de forma única em cada um de nós. Mais: mostrou que podemos desenvolvê-las ao longo da vida. Ou seja, dividir as pessoas entre mais e menos inteligentes é uma estupidez. Em vez disso, podemos complementar talentos.

Daniela Montesano

Compreender a maneira de lidar com cada um

Trabalhar com educação inclusiva no ensino superior é extremamente enriquecedor, é aprender a alargar os limites, tanto pessoais como sociais. A educação é uma grande parte do processo de transformação da sociedade, e cada pessoa tocada por uma ação nossa contribui para uma mudança maior.

Muitas vezes, temos medo do que não conhecemos, das mudanças, mas é sempre por meio de desafios que crescemos e nos tornamos melhores.

Ser a escuta de pessoas com dores que muitas vezes nem imaginamos, trazendo um pouco de alívio, é gratificante.

Na minha trajetória em educação inclusiva, sigo aprendendo todos os dias e acreditando que sempre podemos mais... Na minha trajetória como psicóloga, sigo acreditando que vale a pena a dedicação de tempo e escuta... Na minha trajetória como mãe, além dos aprendizados anteriores, sigo refletindo que o grande desafio é compreender a melhor maneira de lidar com cada um nas suas individualidades com todo o respeito envolvido.

Ouça o conteúdo

A CIÊNCIA LIBERTA, ABERTA E INCLUSIVA

O surgimento das universidades no mundo ocidental data do fim da Idade Média, a era das trevas em que eram queimados vivos os que ousassem abraçar a razão e a pesquisa, contrariando os dogmas. Após o período moderno e na contemporaneidade inaugurada pelo iluminismo, vivemos um tempo em que a ciência assume um lugar de destaque. E são as universidades as grandes protagonistas (a penicilina, grande responsável por sermos hoje mais de 7 bilhões de humanos, foi descoberta em uma universidade). Isso não quer dizer que a ciência deva ser onisciente. Ao contrário: diferente do dogma, ela se revê, evolui. E precisa ser assim: aberta e inclusiva.

Marcelo Paiva

A educação precisa nos representar, de fato!

De cada dez pessoas que se formam no ensino superior brasileiro, sete são brancas, em um país onde 54% são negros. De toda a população, menos de 10% consegue se formar na universidade (dados do IBGE – Censo 2010), apesar de estarmos entre os dez países mais ricos do mundo. São contradições que nos desafiam.

Sou professor universitário em um país onde apenas 16% dos professores universitários são negros, segundo levantamento feito em 2018 pelo site G1 (da Globo), com base em microdados do Instituto Nacional de Estudos e Pesquisas Educacionais Anísio Teixeira (Inep). Sinto, literalmente, na minha (cor de) pele, os preconceitos raciais que precisamos enfrentar. E isso em vários lugares, até quando aperto o passo numa caminhada no Ibirapuera e as pessoas olham desconfiadas, porque sou negro.

Acredito que o melhor caminho para mudar isso é a educação, transformar tanta informação em conhecimento, fazer a ciência gerar consciência para que possamos entender quem somos, de onde viemos e onde podemos chegar.

O Brasil é miscigenado por formação, tem em sua base a mistura de povos. Precisamos encarar essa realidade, entendendo-a não como problema, mas como um grande diferencial humano, agregador e criativo para o presente e para o futuro.

Ouça o conteúdo

PRECISAMOS ENCARAR O RACISMO

Com 54% de negros segundo o IBGE, o Brasil foi o país que mais (e por maior tempo) escravizou africanos, em um processo que durou trezentos anos (as informações constam no *Atlas of the transatlantic slave trade*, publicado em 2015, pela Universidade de Yale). Faz pouco mais de cem anos que isso acabou e de forma cruel: os ex-escravos foram jogados à sorte, sem perspectiva de trabalho remunerado, que passava a ser oferecido aos imigrantes europeus, atraídos para "embranquecer" a sociedade. Projeção da ONG britânica Oxfam, presente no relatório *A distância que nos une* (2017), aponta que só em 2089 os negros terão a mesma renda salarial dos brancos no Brasil, onde hoje recebem, em média R$ 700,00 a menos do que os brancos. Esses dados, somados aos apontados pelo professor Marcelo, têm um nome que precisamos encarar e combater: racismo.

Reinaldo Bulgarelli

As empresas podem ser parte da solução

    Depois de 18 anos trabalhando como consultor de diversidade em grandes empresas, fico feliz em dizer que não estou mais sozinho. Sinal de que há demanda e interesse no tema da promoção da diversidade como valor em um ambiente que precisa dela e pode contribuir com ela. Nossas empresas foram pensadas com base em um tipo humano idealizado, o que determina o jeito de pensar e estruturar máquinas, espaços, postos de trabalho, quem pode fazer carreira e quem não pode.
    Tenho muito prazer em trabalhar com diversidade e inclusão nas empresas porque sei que elas são parte do problema e podem ser parte da solução. O mundo empresarial pode contribuir para termos um mercado de trabalho mais respeitoso, inclusivo, seguro, que promove equidade, com alto impacto na sociedade também do ponto de vista cultural.
    Estamos bem longe de bons resultados, no sentido de um ambiente empresarial que promove negócios sustentáveis para uma sociedade sustentável, mas estamos no caminho.

Ouça o conteúdo

HORIZONTES EDUCATIVOS

Quando pensamos em educação, em geral somos transportados para a ideia da tradicional escola. Entretanto, educação pode ir além disso, e já existem experiências que ampliam a visão sobre novos espaços educativos. Empresas, por exemplo, têm investido de forma crescente na educação corporativa, focando, inclusive, temáticas como a diversidade. Os resultados são positivos. Além de diminuir conflitos e aumentar o engajamento dos funcionários, chega a haver aumento no faturamento. Pesquisa da consultoria McKinsey feita em doze países e divulgada em 2018 aponta um aumento de até 21% de resultados acima da média. O motivo? Por trás das máquinas, há pessoas, todas diferentes.

Liana Gottlieb

Da aluna humilhada à professora grata

Com 6 anos, passei pela primeira humilhação, imposta por uma professora. Isso se deu por não ter trazido um caderno, que minha mãe não teve tempo para comprar. Fiquei a aula inteira sentada num banco, de costas para os colegas, com um cone de papel enorme na cabeça com a palavra "burro" escrita nele.

Passados 66 anos, sou professora aposentada (mesmo sem querer), mas ativa, e começando duas novas carreiras: de escritora e desenhista (também de quadrinhos).

Foi uma escolha delicada: ser professora e preparar professores, nos três níveis de ensino, num país que menospreza os professores. Eu estudava (mestrado e doutorado): era aluna ou estudante? Paralelamente ao mestrado, comecei a formação em psicodrama, aplicado à educação e a organizações, e participei da criação de uma nova área de conhecimento: educomunicação. E nasceu o primeiro livro. Hoje, são dezessete.

Sempre busquei a coerência entre discurso e ação, mesmo em papéis diferentes. Será que consegui? Muitos dos estudantes, pessoas maravilhosas, que hoje são amigos queridos, estão brilhando como docentes e fazendo bem a muita gente.

Que mais posso querer? Só posso ser grata a todos eles.

Ouça o conteúdo

PROFESSORES E SEUS SUPERPODERES

Foi graças à professora Rosângela Volpato, que lecionava História no ensino médio, que passei a entender o que é senso crítico e não me tornar um idiota. Que honra foi entregar-lhe um buquê de flores na formatura! Lembro-me da primeira professora que tive, a querida Maria Tereza Rosalen Bassete. Vários anos depois, a professora Marli dos Santos despertou em mim a paixão pela pesquisa no mestrado. Depois, veio o professor Laan Mendes de Barros, que orientou muito mais que pesquisas *strictu sensu*: ele me orientou a não desistir. Liana Gottlieb, que contou um pouco de si na página ao lado, acreditou na minha "loucura" de deixar o cargo de editor-chefe de jornal para ser professor. Sou, na verdade, eterno aprendiz de todos eles.

Thiago de Oliveira

Superei a depressão e hoje quero salvar vidas

2015 foi quando tudo começou. Fui me tornando outra pessoa, sem ânimo, sem vontades, sem sonhos. Mas eu não entendia o que estava acontecendo. Minha ex-esposa tentou me alertar que algo estava errado, mas eu não quis escutar.

Esses sintomas me acompanharam por dois anos, até meu casamento acabou. Nesse momento, tudo desabou. Comecei a me culpar e a vontade de viver diminuía. Assim, a depressão agia em mim, silenciosamente. Senti-me um lixo, até que em uma madrugada, ao sair para trabalhar, joguei-me na frente de um carro. Não queria mais sentir toda aquela tristeza. Não sei quanto tempo fiquei ali caído, desmaiado.

Depois disso percebi que algo não estava normal em mim. Minha família também percebeu que eu precisava de ajuda. Iniciei o tratamento, que faço até hoje. A depressão ainda é um tabu, enquanto o índice de suicídios cresce. Temos agora o setembro amarelo, mas esse assunto tem de ser enfrentado o ano inteiro, sem preconceitos.

Eu consegui me salvar e agora tenho um projeto de ajuda à prevenção ao suicídio, chamado Quietos, cujo propósito é tentar alertar sobre essa doença. Meu objetivo é tentar salvar o máximo de vidas, porque eu confio e acredito na vida hoje. Podemos voltar a enxergar aquela luz no fim do túnel, mas precisamos querer.

Ouça o conteúdo

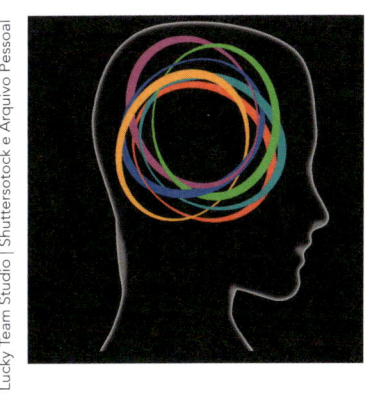

O MAL DO SÉCULO E O PRECONCEITO

O Brasil tem a maior taxa de depressão da América Latina, segundo a Organização Mundial de Saúde (OMS), atingindo quase 6% da população (os dados estão no relatório *Depression and other common mental disorders: global health estimates*, de 2017). No mundo, são mais de 300 milhões de pessoas sofrendo desse mal, em um ritmo crescente. Somam-se a isso desconhecimento e preconceito, que se revela em manchete da revista *Superinteressante*, de 28 de agosto de 2019: "Metade dos brasileiros não sabe o que é a depressão, revela Ibope" (pesquisa Ibope intitulada Depressão, suicídio e tabu no Brasil: um novo olhar sobre a saúde mental). O levantamento ainda apontou que 30% dos homens entrevistados associam a depressão à falta de fé ou fraqueza. É uma bomba-relógio acionada, em um mundo midiatizado pela felicidade "plena" das redes sociais. Thiago tem muita coragem de contar sua experiência, e seu projeto é digno de aplausos e engajamento.

Deborah Griebeler

De repente a vida te vira do avesso

A diversidade entra na minha vida aos 12 anos, quando sofri um acidente e fiquei tetraplégica. De um dia para o outro, eu não movia pernas e braços. Foi o fim? Não, um recomeço. Tive que aprender como funcionava esse corpo desconhecido e me redescobrir.

De um lado, eu, com tanto a aprender, que nem tive tempo para viver o luto pelo corpo "perfeito" perdido; de outro lado, minha família que, apesar de todo o sofrimento e dúvidas, não me deixou esmorecer. Foi assim que aprendi que ser diferente é normal e talvez por isso eu não me enxergo como "deficiente", mas como alguém que tem algumas limitações. Deus fez todos assim.

Foquei na minha reabilitação por oito meses e, depois, tive que recuperar toda a 7ª série em três meses e só consegui com o apoio da minha família, professores e amigos. Me dediquei aos estudos, quis fazer faculdade, trabalhar. E fiz.

Não me considero um exemplo de superação, como muitos dizem. Não me sinto nem mais nem menos, mas é como dizem: "E de repente a vida te vira do avesso, e você descobre que o avesso é seu lado certo". Acho que é o meu caso...

Meu nome é Deborah Griebeler, tenho 34 anos, sou casada e atuo como coordenadora acadêmica de pesquisa e extensão.

Ouça o conteúdo

BUSCA, RESILIÊNCIA E ESPERANÇA

"Se eu sou um ser inacabado e inserido num permanente processo de busca, eu não posso buscar sem esperança." A frase é de um dos maiores educadores do mundo, o brasileiro Paulo Freire, no livro *Pedagogia da tolerância*, lançado após sua morte por sua mulher, Ana Maria Araújo Freire. Ajuda-nos a entender que somos passageiros de uma vida dinâmica, que nos empurra à constante transformação e adaptação. Entender quem somos e quem nos tornamos a cada aprendizado novo é um exercício que tem tudo a ver com diversidade. Porque não somos apenas diferentes dos outros, mas nos tornamos diferentes do que fomos a cada passo dado.

Ariadne Ribeiro

A aids precisa ser combatida no estigma

Há vinte anos, descobri, após um estupro, ter sido infectada pelo vírus do HIV. Havia falta de informação e de recursos disponíveis para lidar com o preconceito e com as angústias.

Eu me formei, contrariando todas as expectativas, e fui trabalhar com HIV, depois de vários subempregos e até prostituição para não passar fome. Presenciei a morte de muitos amigos, que me mostravam que a aids precisava ser combatida primeiro no estigma.

Enfim, conheci por meio da ciência a voz de um "poder superior" que ofereceu amparo e me devolveu os sonhos, sem nenhuma explicação dogmática ou conjecturas perturbadoras sobre céu e inferno. Por meio da ciência, posso contribuir com a vida, melhorando o estado de saúde das pessoas, oferecendo esperança e dignidade. Sou assessora em programa da Organização das Nações Unidas (ONU) para o HIV/AIDS), meu mestrado e doutorado são em psiquiatria e minha atuação profissional possibilita usar a ciência para a promoção de saúde. Mantenho diálogo com governos e legislativos para a manutenção de políticas públicas.

Bem como a ciência um dia fez por mim, tornando real o meu corpo de mulher, os medicamentos antirretrovirais reestabelecem a força para viver e a saúde física tão almejada quando a aids tentou me levar. A minha carga viral está indetectável, para que meu prazer não precise ser risco de vida para quem queira me amar.

Ouça o conteúdo

NEM CÉU, NEM INFERNO. NA TERRA!

Conscientizar para a prevenção e derrubar preconceitos contra pessoas vivendo com HIV/aids são muralhas ainda a serem quebradas quando falamos do tema. Mesmo numa época em que já se sabe tanto sobre a prevenção, e o tratamento garante vida digna (e até a impossibilidade de transmissão do vírus). O Brasil é referência no mundo ao permitir tratamento gratuito, mas peca na prevenção: na contramão do mundo, novas infecções crescem por aqui (21% entre 2010 e 2018, segundo o UNAIDS), alavancadas pelos tabus que prejudicam a educação para a sexualidade. As palavras de Ariadne inspiram a sair do céu e do inferno e encarar o tema aqui, na Terra.

Talitha Camargo
da Fonseca

O sentido do que faço é pelos direitos humanos

"Eu sempre lembrarei de vocês como anjos que vieram pra nos ajudar a fazer justiça." Recebi essa mensagem de um cliente, uma vítima de abuso quando criança, que, como muitas, não encontrava voz para a defesa de seus direitos.

Sou advogada e jornalista, especializei-me em direito constitucional e público. Atuo na defesa dos direitos humanos, visando o resguardo jurisdicional de suas liberdades e identidades individuais, sociais e dignidades.

O direito de vítimas de casos como violência doméstica, abusos sexuais e a intolerância religiosa, com o qual lido em meu trabalho, muitas vezes esbarra em tabus e preconceitos que precisamos combater para que a dignidade da pessoa humana seja uma realidade a todos.

Todos os dias congrego que existem seres humanos convivendo numa difícil sociedade polarizada que o tempo todo quer nos segregar, mas nossa ideologia pode ser a paz. E que a paz não seja confundida com o conformismo, pois o conformismo é carcereiro da liberdade e inimigo do crescimento.

Ouça o conteúdo

O DIREITO DOS OPRIMIDOS

Boaventura Souza Santos, um gigante intelectual português que fez sua tese de doutorado numa favela brasileira, tem muito a nos inspirar sobre a voz dos oprimidos. Seu trabalho nos ensina a refletir sobre a realidade que restringe direitos de grupos marginalizados, minorias ou vulneráveis da sociedade. Em sua pesquisa acadêmica, Boaventura chamou uma favela carioca, objeto de seu trabalho, de Pasárgada, por medo de retaliações da ditadura que o Brasil vivia na época. Hoje, com democracia, todos sabemos o lugar que ele pesquisou, mas a segregação revelada continua presente, em todo um país que ainda não deu voz à sua base social.

Marco Mattiole

Larguei tudo, peguei a estrada e vivo o incerto

Há três anos, antes de embarcar no mochilão, eu tinha uma loja virtual, pesava 125 kg e ganhei bastante dinheiro porque tinha só um concorrente no Brasil, mas sempre tive umas questões em relação ao sistema, à espiritualidade. Comecei uma reeducação alimentar, perdi 60 quilos e vi que tinha muitas possibilidades, comecei a andar de bicicleta pela cidade de São Paulo. Até que deixei minha loja para uma amiga.

Ganhei uma mochila, uma barraca e saí sem celular, sem nada e a pé, viajando. De São Paulo até a Bahia, fiz Minas Gerais, Rio de Janeiro. Nessa vivência, sem dinheiro, estou estudando o Brasil sob um olhar social. Nesses três anos, acabo descobrindo que não existe só uma forma de vida, com casa, bens materiais e progresso desses bens... Tem muita gente na estrada vendendo arte, fazendo arte, muitas formas de vida.

Viajo sem dinheiro, mas com muita fé. Já conheci doze estados, quatro países sem um real no bolso. O que vale viver uma vida sendo repetida sempre a mesma coisa, ao invés de você buscar aprender a cada dia uma coisa nova? Estou vivendo uma experiência profunda de trocas e recebo tanto carinho na estrada! A única coisa que levamos daqui, de fato, é o que aprendemos e o que deixamos nas pessoas.

Ouça o conteúdo

ENCONTRAR UM SENTIDO DE VIVER

A atitude de Marco ao largar tudo e pegar a estrada certamente é vista por muitos como "loucura". Mas, para ele, loucura é ficar atrás de uma mesa com muitas demandas e metas a cumprir. Marco é um exemplo de que não existe um jeito certo ou errado de viver, mas a forma como cada um encontra sentido em sua existência. E eis um enorme desafio: como encontrar esse "sentido"? Entender que estamos aqui de passagem e que cada hora que se vai não volta é algo muitas vezes não enxergado. Isso fica ainda mais difícil no tempo perdido, por exemplo, em redes sociais, gritando "verdades" para nossas bolhas. Viver saindo dos nossos quadrados pode ser algo extraordinário, além de possível.

Jean Gréguère Millien

Um estrangeiro é uma pessoa igual a todas

Olá, meu nome é Jean e estou feliz por contar um pouco da minha história a vocês.

Antes de tudo, acho que o estrangeiro é uma pessoa igual a todas. Às vezes, a pessoa sai do país dela porque as condições são muito ruins. Você não quer só ficar dependente das pessoas, com as pessoas dizendo "hoje vou te dar comida". Você quer trabalhar, quer mudar de vida.

Todos os dias para nós, estrangeiros, são dias de luta. Eu vim para o Brasil aos 22 anos. Eu trabalhava como agente de crédito numa empresa grande no Haiti. As condições não estavam muito boas, então decidi me demitir para fazer um negócio próprio, mas as condições do meu país estavam cada vez pior. Eu estava pesquisando sobre o Brasil e vi que o Brasil tinha um PIB (Produto Interno Bruto) que na época era oitavo no ranking mundial.

Infelizmente, cheguei ao Brasil em época de crise, no final de 2016. Porém, eu consegui me adaptar com a língua, que é tão difícil, e também com a cultura e arrumar um emprego. Consegui, sim, algumas coisas aqui. Meu maior sonho? Trabalhar com arquitetura.

Ouça o conteúdo

SOMOS ANDARILHOS DA HISTÓRIA

Se nossos ancestrais não fossem migrantes e imigrantes, certamente nossa espécie já teria desaparecido do planeta. Sobrevivemos transformando espaços, criando, destruindo e recriando em busca de adaptação às intempéries do clima, às tragédias naturais e às tantas tragédias que nós mesmos criamos. Quem seria, de fato, estrangeiro numa Europa cuja qualidade de vida se deve às colonizações de outros continentes? Quem seria americano nato, do norte ou do sul, em um continente que, antes da chegada das grandes navegações, era indígena, formado por povos hoje tão raros? Somos, todos, apenas humanos, andarilhos da história.

Tamiris Neres

Deixei meu cabelo ser o que é só aos 18 anos

Dos meus 7 a 10 anos, eu tive diversos apelidos por causa do meu cabelo crespo. Aos 13, eu insisti que minha mãe alisasse, na tentativa de me encaixar aos padrões de beleza.

Conforme o tempo foi passando, eu percebi que não fazia sentido eu não assumir meu cabelo do jeito que ele é realmente.

Decidi deixá-lo totalmente natural e mostrar minha essência! Logo após o corte, temi sofrer preconceitos nas ruas, mas eu não podia retroceder. Eu tive inspirações e apoio de pessoas próximas.

Foi a partir desse momento que eu me descobri de uma forma que eu nunca tinha me visto antes: uma mulher mais forte, empoderada, feminista, que apoia a luta diária da mulher preta, negra que deseja ser aceita e representada pela sociedade.

Eu acredito muito no que hoje eu vejo no espelho quando olho pra mim, uma mulher negra de cabelos crespos, olhos grandes, boca carnuda, que se ama muito.

Ouça o conteúdo

CABELO BOM

"Você ri do meu cabelo. Você ri da minha pele. Você ri do meu sorriso. A verdade é que você (todo brasileiro tem!) tem sangue crioulo. Tem cabelo duro." Na voz (e no lugar de fala) de Sandra de Sá, essa letra aponta uma verdade contraditória: o racismo em uma sociedade miscigenada. Nos dias de hoje, vem sendo cada vez mais comum mulheres negras deixarem seus cabelos naturais, e o relato de Tamiris é impactante: ela fez isso só aos 18 anos e, ainda assim, temendo os preconceitos que sempre a acompanharam. Que mais e mais Tamiris se sintam lindas com seus cabelos, pois só assim combateremos cruéis padrões de "beleza".

Laura Brigatti

Após relacionamentos abusivos, empoderei-me

 Ainda criança, perdi meu pai. Silenciosamente e subitamente, a responsabilidade me acometeu e me forjou com uma dura carapaça para que eu pudesse enfrentar os males da vida.
 Desde os 13 anos trabalhando, fui julgada, submetida, sobrepujada, desmerecida e agredida física, verbal e psicologicamente em trabalhos, escolas, cursos, passeios, ruas e também relacionamentos amorosos. Já tive relacionamentos abusivos e isso me machucou, no corpo e na alma.
 Aos poucos, entretanto, a ira transformou-se em empoderamento e fiz ecoar a minha voz. Quebrei barreiras do sexismo e muitas outras. Atualmente, tenho o apoio da família, após tantas discussões, e encontrei outras pessoas que enfrentaram e enfrentam as mesmas situações e problemas.
 Sei que a luta está apenas no começo, porém o que me nutre para prosseguir é saber que muitas outras e outros carecem de empoderamento, pois só assim alcançaremos a igualdade, por meio da persistência no respeito.

Ouça o conteúdo

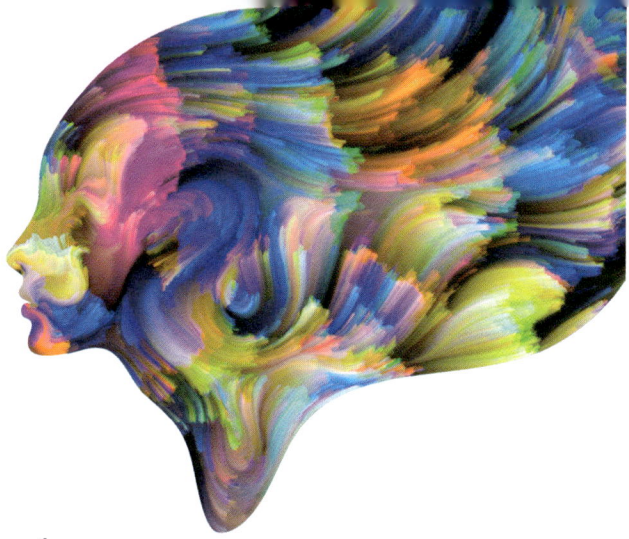

É PRECISO MUDAR UMA CULTURA

A cada 11 minutos, uma mulher é estuprada no Brasil, segundo o Fórum Brasileiro de Segurança Pública (que utiliza fontes oficiais de órgãos públicos do país) e, conforme levantamento do Instituto de Pesquisa Econômica Aplicada (Ipea) chamado *Tolerância social à violência contra as mulheres*, 54,9% dos brasileiros (incluindo homens e mulheres) concordam total ou parcialmente com a afirmação: "Tem mulher que é para casar e tem mulher que é para a cama". Ou seja, o machismo é uma cultura a ser combatida por todos, que não tem gênero e afeta muito mais as mulheres, mas também os homens. "Engole o choro porque homem não chora" é um exemplo de machismo também contra meninos, ressaltando que meninas e mulheres sofrem não apenas agressões verbais muito piores quanto agressões físicas por causa do machismo.

Isabelle Gomes

Os abusos e as armaduras para as lutas futuras

Aos 16 anos fui diagnosticada com transtorno borderline e depressão, após minha primeira tentativa de suicídio. Fui internada em uma clínica psiquiátrica, onde fiquei por três meses. Tenho cicatrizes de automutilação, que escolhi cobrir com todas as tatuagens que eu tenho hoje.

Tenho 24 anos. Já sofri abuso e vivi presa em casa quando morei no exterior. Foram quase quatro meses... Voltei para o Brasil apenas com uma mochila nas costas.

Hoje trabalho e estudo e nada me impede de ser feliz.

Acredito fielmente que o aprendizado e crescimento pessoal não vêm das dificuldades que te entornam, mas do que você decide fazer com elas. Existem situações em que o maior obstáculo é você conseguir entender a seriedade do que te aconteceu e como aquilo te feriu.

O cuidado necessário é a manutenção constante. É uma batalha, um caminho cheio de gatilhos e dificuldades. Mas o importante é sempre se lembrar de que quando nos levantamos é para sermos maiores do que quando caímos. Nossa existência – individual e em conjunto – é a prova de que podemos crescer. Tanto a minha história quanto a de tantas mulheres que passaram por algo parecido, no final de tudo passa a nos servir de armadura de luta para o futuro.

Ouça o conteúdo

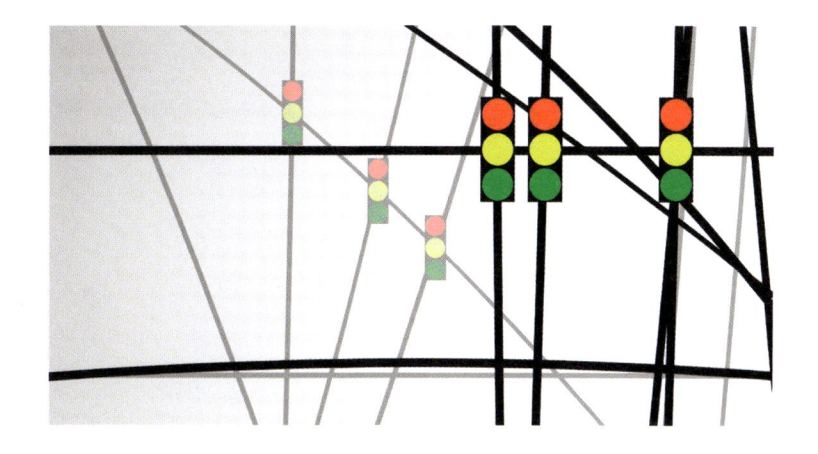

EDUCAR DESDE CEDO CONTRA O ABUSO

O Brasil é um país de muitos abusos por conta de uma cultura machista que ecoa de séculos. Quase 70% dos abusos contra crianças, por exemplo, acontecem dentro de casa, segundo dados do Disque 100, divulgados em 2019, conforme reportagem da Agência Brasil. E não são só crianças as vítimas no ambiente doméstico, mas também mulheres adultas, por exemplo. Quando o problema acontece dentro do lar, fica ainda mais difícil resolvê-lo, e a educação acaba sendo um dos poucos caminhos. São muitas as crianças que aprendem, na escola, que o que sofrem dentro de casa não é certo, é absurdo. É preciso educar desde cedo para que pessoas como Isabelle, que sofreu abusos depois de adulta, possam conseguir se libertar e superar.

Fernanda Ohashi

Vou usar as roupas que eu quiser, sim!

    Ser gorda, inicialmente, não foi uma opção. Aconteceu e durante muito tempo fui julgada com palavras como: "Você é tão bonita, mas podia emagrecer", "Sua irmã conseguiu, é só segurar a boca".

    Quando andava na rua, eu sentia o julgamento pelos olhares e me escondia, ficava mal. Foi assim na minha infância e boa parte da adolescência. Passei por brincadeiras indesejáveis e bullying. Me machucou, mas me fez mais forte.

    Só por volta dos 16 anos que eu comecei a ver modelos "plus size" e me identificar em algo, entendendo que tudo bem. Tudo bem ser gorda, isso não o torna incapaz, não o faz feia, não define nada sobre você.

    Passei a me entender, a me aceitar, a me expor. Hoje, bato no peito para dizer que sou gorda e vou, sim, usar as roupas que eu quiser, vou usar biquíni, não preciso me esconder.

    Mas as batalhas mais difíceis estão sempre sendo travadas. Há pessoas em volta pensando que se eu for magra serei mais saudável e dentro de mim sempre existirão os terrores de uma vida de julgamentos, com os quais sempre tenho de lidar ao me olhar no espelho.

Ouça o conteúdo

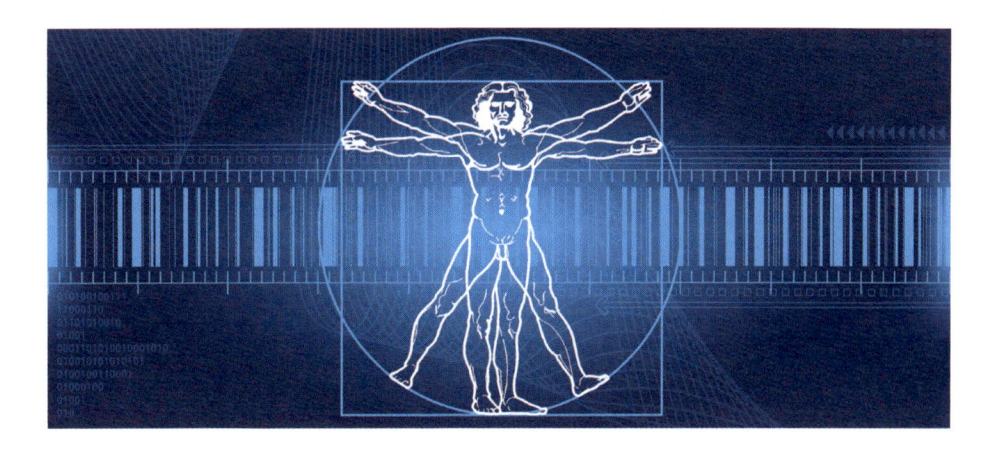

VIVA SEU CORPO!

Padrões de beleza mudam ao longo da história e sempre geram sofrimento aos que não se encaixam neles. E nunca nos encaixaremos, porque somos diferentes uns dos outros, também com nossos corpos. Em tempo de academias, Photoshop e redes sociais, é urgente encarar a gordofobia como um preconceito a ser combatido, entendendo seus efeitos nefastos. Alexandra Gurgel, no livro *Pare de se odiar*, conta que se odiou por 26 anos porque achava que ser gorda era ser feia. Ela nem se olhava no espelho. É um tema muito sério, que não tem graça nas tantas piadas de mau gosto que ainda se fazem. Quando Fernanda diz que vai vestir a roupa que quiser, deixa um recado: viva o seu corpo!!!

Luana Barros

Sou surda, mas podemos interagir

Não precisa ter medo de mim. Posso te entender. E nunca diga "Tadinha..." por eu ser surda.

Quando eu era pequena, via meus pais lutando por mim na rua e agora é minha vez. Mostro quem sou e posso lutar pelos meus direitos. Gosto de conversar com as pessoas, trocar, entender, conhecer... Muitas vezes, quando digo que sou surda, as pessoas se afastam, com medo de não conseguir interagir.

Mas, há tantas formas de interagirmos. Comigo, é só falar devagar, eu consigo ler seus lábios, e também a gente se entende por gestos, a gente pode se comunicar de muitas formas desde que estejamos dispostos a isso, dispostos a viver em comunidade, entre diferentes, entre pessoas que têm muito a aprender umas com as outras. Formei-me na universidade, trabalho, faço academia, viajo, vivo e me amo como sou.

Meu maior sonho é viver no mundo aonde todos tenham, de verdade, diretos iguais.

Assista ao depoimento (em Libras)

Ouça o conteúdo

O SENTIDO DA PRESENÇA

Abrir-se à interação presencial tem se tornado um desafio ainda mais complexo em tempos de redes digitais, que aproximam os distantes e, muitas vezes, distanciam os presentes. Porém, desde as cavernas, somos seres sociais. Isso significa que é importante nos desafiarmos, sempre, ao convívio com o outro. Há, inclusive, estudos científicos mostrando que pessoas isoladas do convívio social são mais suscetíveis a adoecer, física ou mentalmente. Vale muito a pena, portanto, enfrentar o frio na barriga e vencer as barreiras que nos dividem de outras pessoas. Porque é da nossa natureza humana.

Maria Helena Chenque

Ainda é um desafio a acessibilidade aos cegos

Estudei em um internato para pessoas cegas e ali tive contato com a leitura em braile. Ia à biblioteca toda semana. Trabalhei por 36 anos no Centro Cultural São Paulo, uma das poucas bibliotecas públicas da cidade que oferecem livros em braile e audiolivros.

Ainda é um enorme desafio a acessibilidade. Ando na Avenida Paulista, por exemplo, onde todas as calçadas têm sinalização em piso tátil, mas não consigo saber onde estão os museus ou os lugares comerciais.

O mercado de trabalho também é uma barreira a ser quebrada, pois os cegos muitas vezes são preteridos por se pensar que necessitam de muito cuidado e de equipamentos específicos em uma empresa.

As pessoas ainda relutam muito em ajudar. Quando estou em um ponto de ônibus e percebo que há alguém por perto, tento me aproximar para pedir que sinalize para um ônibus parar e é difícil receber atenção, ainda mais nesses tempos em que tanta gente usa fone de ouvido.

Quando alguém se oferece para ajudar, eu sempre digo "sim", tentando incentivar que mais e mais pessoas aprendam a lidar com uma pessoa cega, se dispondo a entender a diferença do outro.

Ouça o conteúdo

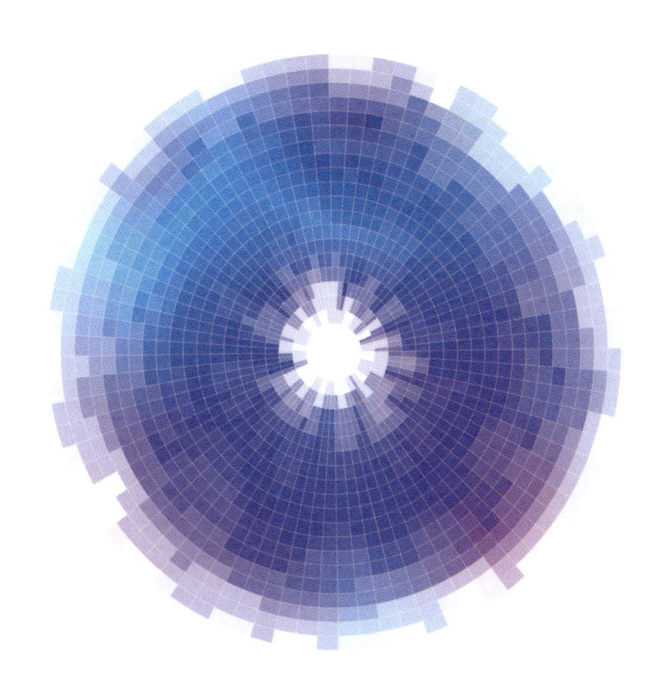

ENXERGAR ALÉM DOS OLHOS

Tive o privilégio de trabalhar com a Chenque em uma editora e com ela aprendi que ajudar uma pessoa que não enxerga a encontrar seu destino é menos difícil do que quebrar o muro imaginário que nos separa da pessoa com deficiência. Basta se aproximar e, sem tocar na pessoa, lhe oferecer ajuda. Em geral, se coloca o braço dobrado para que ela pegue no cotovelo e seja guiada. Ao longo do trajeto, é importante informar a ela possíveis obstáculos. Se a pessoa estiver com cão-guia, não tente distrair o animal. Ao falar com um cego, não precisa falar alto. Cegos podem ouvir! Mais difícil que tudo isso, entretanto, é aprendermos a enxergar o outro além dos olhos, com a percepção da humanidade.

Henrique Antun

Sou universitário com medalhas na natação

Sou Henrique Antun. Eu estou na universidade, fazendo curso de bacharelado em hotelaria. Na universidade eu aprendo sobre hospitalidade, conheço muita gente e também vamos a laboratórios e dois hotéis-escola para aprender tudo na prática.

Eu também sou nadador. Tenho várias medalhas de ouro das paraolimpíadas universitárias. Em agosto de 2019, foram duas medalhas de ouro e uma de prata representando o Senac. Gosto muito de nadar.

Também faço parte das ações do Espaço Mosaico, que desenvolve atividades para uma sociedade inclusiva com arte, cultura, educação. Lá tem educadores, psicólogos, terapeutas. A gente apresenta peças de teatro e aprende muito.

Tenho uma namorada, que está sempre comigo. Ela me ajuda a estudar, é minha companheira.

Gosto de viajar, falo inglês e adoro conhecer outras culturas fora do Brasil.

A inclusão é muito importante.

Ouça o conteúdo

UM AMÁVEL ALUNO QUE ME ENSINOU

Fui professor de Henrique, e o que ele fez comigo ao longo de dois semestres foi também ser meu professor, convidando-me a ampliar o olhar para sua humanidade diversa. Certa vez eu pedi à turma que saísse pelo *campus* para encontrar a semiótica da hospitalidade em quaisquer espaços e trazer para apresentar na aula. Ele foi brilhante naquilo que é tão simples e às vezes não compreendemos. Citou os pufes (que os alunos adoram) e lembrou que são macios, como a hospitalidade deve ser; e que, além disso, podemos levá-los aonde quisermos para ficarmos confortáveis. Com uma generosidade sem igual, Henrique nos convida a aprender de forma amável.

Karine Rocha

Nem tudo é do seu jeito. E pode ser melhor

Ter um filho com autismo não é fácil. Não pelo sujeito em si, mas pela sociedade que não entende o autismo. Rotulam e incapacitam nossos autistas sem nem mesmo os conhecerem. Não entendem as diversas habilidades que há por trás do seu silêncio, da sua inquietação, das suas estereotipias.

O Nic aprendeu o alfabeto e os números de repente; nomeou os animais de repente; desfraldou de repente; montou quebra-cabeças de repente, mas no fundo nós sabemos que tudo isso não foi de repente. Ele observou, absorveu, compreendeu, analisou, criou estratégia para fazer e executou a ação.

Temos a tendência de nos abalarmos quando aparece um papel com um código F84 e a assinatura de um médico. De repente você está chorando. De repente está sorrindo. E de repente percebe que nem tudo na vida é do seu jeito.

De repente, pode ser bem MELHOR!

Ouça o conteúdo

APRENDER A CONVIVER

Estudei em escola pública a vida toda e, no antigo ensino primário (hoje Fundamental), entre os anos 1980 e 1990, vi várias "salas especiais" destinadas a alunos "com deficiência de aprendizagem". Hoje dou aula em universidade com salas para todos, sem segregação de alunos com vários tipos de deficiência. Tenho e/ou já tive alunos surdos, com Down, autistas, e todos me ensinaram. E o que percebo é que, nas turmas em que acontece a inclusão, ocorre algo diferente das outras: uma movimentação dos alunos da sala no sentido de aprender a interagir com a diferença. E esse é um dos princípios da educação, defendido em relatório da Unesco: aprender a conviver.

Darci Brignani

Crianças que ninguém enxerga me ensinam

Quando penso na palavra respeito, não vejo o significado real, seu conceito, sendo aplicado com efetividade (respectus: "olhar outra vez").

Penso naquelas crianças abandonadas que conheci e com quem convivi, quando de minha estada profissional na antiga Febem. Crianças que ninguém via, crianças que pediam para serem vistas.

Penso nas crianças com malformação craniofacial que conheci (em uma ONG em que atuo) e naquelas que ainda não conheço por viverem escondidas, pela vergonha de existirem fora dos padrões de beleza preestabelecidos por uma sociedade que segrega o que não quer ver. Respectus?

Sempre tive o privilégio de estar em contato com crianças e, sempre, com aquelas que ninguém pousa seu olhar. Viver em contato com elas permitiu-me aprofundar e entender um pouco mais sua, muitas vezes, descrença pela vida.

Quando Bam, Bo e Lê (personagens de um livro que escrevi) surgiram em minha mente e coração, mergulhando no papel, procurei passar a mensagem do que é respeitar as diferenças e de que conviver com elas faz com que cada um se conheça melhor e cresça como pessoa.

Transformar esse mundo tão injusto e vulnerável é nosso dever.

Ouça o conteúdo

É FÁCIL RESPEITAR OS "IGUAIS"

É relativamente fácil falar em respeito entre os que se entendem como "iguais", os que possuem padrões parecidos com tudo o que se convencionou chamar de "normal". Difícil é respeitar o que foge ao padrão, o "estranho", o "deformado", o "desajustado". Difícil é entender os que já são condenados com adjetivos pejorativos antes mesmo de serem enxergados. Diz o velho jargão que o que os olhos não veem o coração não sente. Pois precisamos, então, abrir o olhar afetivo, considerando que a palavra "coração" está diretamente relacionada a outra de que precisaremos para tal ação: coragem. Ser gente requer coragem!

Conceição Negri

O que me move é a compaixão pelos animais

O que me move a defender os animais é a compaixão que sinto por seres que precisam de proteção. São como anjos na Terra, que aqui estão para nos ajudar a evoluir como pessoas. É uma luta diária e desigual, já que a crueldade e o abandono infelizmente só aumentam.

Um dos desafios que mais me marcou foi a "briga" que travamos com um veterinário que se sentia com poder de eutanasiar animais de rua saudáveis. Felizmente, com o apoio da imprensa (jornal, rádio e tevê) e da população, conseguimos processá-lo e denunciá-lo ao Conselho Regional de Medicina Veterinária e ele foi transferido pra outro setor.

Meu sonho é viver em um mundo onde não exista crueldade contra todos os animais. Quem sabe um dia...

Meu objetivo hoje, como voluntária, é conseguir um lar responsável e novas famílias a seres que precisam de proteção.

Ouça o conteúdo

UMA LUTA ÁRDUA

Maltratar animais é crime no Brasil, mas é muito raro alguém ser preso por isso. Segundo um levantamento feito pelo Instituto Pet Brasil e divulgado pelo site G1 em 2019, o Brasil tem mais de 170 mil animais abandonados que estão sob cuidados de ONGs. O levantamento ainda estima que há 3,9 milhões de animais em situação vulnerável pelas ruas do país. Ativistas pelos direitos dos animais muitas vezes se esgotam na tentativa de atenuar o sofrimento desses seres. Uma frase, comumente atribuída a Leonardo da Vinci, que nasceu em 1452, dizia que "o crime contra animais um dia seria visto como um crime contra um humano". Quem sabe um dia ouçamos a voz do gênio renascentista.

Rafael Onori

Podemos abraçar ações ambientais concretas

Minha aproximação profissional com atividades relacionadas à proteção do meio ambiente, que completará uma década no próximo ano, foi impulsionada pelas relações humanas – assim como minha formação em jornalismo, que foi motivada bem mais pelo contato com as pessoas do que com as laudas.

O trabalho como mobilizador e ativista ambiental me prova diariamente o poder das pessoas, a capacidade que só nós, seres humanos, temos de alterar a realidade – para o bem e para o mal – e garantirmos um meio ambiente saudável para nós e as próximas gerações.

Cotidianamente, como gestor de voluntários e produtor cultural, me relaciono com pessoas que dedicam seu tempo e energia a atividades educativas, plantios de árvores, palestras, limpezas de áreas degradadas, entre outras ações concretas em prol do outro e do meio ambiente.

E, de forma natural, fui me envolvendo com outras causas, pois acredito que tanto a diversidade quanto a biodiversidade são fundamentais para uma vida harmônica em nosso planeta.

Ouça o conteúdo

QUANDO ACORDAREMOS?

Nunca soubemos tanto sobre mudanças climáticas, suas causas relacionadas à ação humana e formas de minimizá-las. Mas ainda estamos distantes da efetiva prática de um modo de vida verdadeiramente sustentável. Em documento assinado por 11.258 cientistas de 153 países e publicado pela revista *BioScience* em 2019, decreta-se uma emergência climática que requer medidas urgentes de governos e sociedades: "A despeito de 40 anos de negociações sobre o clima, nós, com poucas exceções, estamos nos comportando como se nada tivesse mudado, e fracassamos, de modo geral, em enfrentar esse problema". A questão é: quando mudaremos, de fato, nosso modo de viver? Conseguiremos?

Paula Napolitano

Descomplicar aquilo que não deve ser complicado

Pela psicologia, eu sempre quis ajudar os outros. Já a sexualidade, ela me escolheu. Ao final da faculdade, a coordenadora de uma escola em que eu estudei me convidou para montar um projeto junto a funcionários do colégio com a temática da sexualidade.

Daí fui pesquisar e estudar... acabei me formando em terapia sexual e fiz cursos em educação sexual. Descobri que muitas pessoas sofrem com isso.

A sexualidade, que é muito mais complexa do que apenas sexo (pois envolve respeito ao próprio corpo e ao corpo do outro, amor-próprio, autoestima, saber dizer não), ainda é um grande tabu, até na grade de disciplinas da formação universitária de psicologia. No consultório, vejo o quanto as pessoas estão sofrendo e em silêncio. O ser humano é diverso, mas muitas vezes a gente quer colocar tudo dentro de "caixas", quer estar igual aos outros.

O que me brilha os olhos é contribuir com um mundo de mais respeito e mais amor, para uma desmistificação e descomplicação da sexualidade e dos relacionamentos. É o meu propósito de vida.

Ouça o conteúdo

QUEBRAR O SILÊNCIO PARA DESCOMPLICAR

Durante um ano, trabalhei com a Paula em um projeto educacional chamado *Educação para a diversidade e sexualidade*, na comunidade de Paraisópolis, em São Paulo, envolvendo 1.200 alunos de escolas públicas. O foco era educação para a diversidade e a sexualidade. Constatamos, em pesquisa, que 80% dos estudantes conhecem uma adolescente grávida. Eis um retrato de que o problema não é o "fazer", mas o "encarar" o assunto de forma esclarecedora e sem tabus. No livro *Marcas da diferença na educação escolar*, Richard Miskolci diz que não tiramos a nossa sexualidade como uma peça de roupa para ir à escola. E a escola é um lugar que pode contribuir para a conscientização sobre o tema. O silêncio é apenas uma forma de esconder e gerar mais sofrimento.

Lucas Santiago

Sou como a ferrugem numa engrenagem

Sou um artista visual negro, gay e pobre. Eu só existo por estar emaranhado nas estruturas das cidades, como a ferrugem numa engrenagem.

Quando me dei conta do que eu deveria ser quando crescer, iniciei uma longa jornada de desviar caminhos comuns para sobreviver diante de tanta opressão social, seja ela racial, econômica ou sexual.

Daí vêm as forças opostas que sempre tentam me empurrar para "o meu lugar". É sofrer desumanidades na cidade e saber que em alguns degraus eu nunca vou subir, simplesmente porque eu não sou o que se espera.

Mas eu não sei existir sem ser o que eu sou e a arte é o que me mantém vivo. Ela me permite gritar da forma mais bela e fazer entender os meus sentimentos e o das pessoas com quem convivo.

Ela também é minha ferramenta para perfurar os tecidos hegemônicos e assim conseguir as bolsas estudantis, os empregos e o meu lugar real.

Ouça o conteúdo

A NATUREZA GRITA E A ARTE RESPONDE

Até podemos enjaular o que somos e tentar levar a vida como outras pessoas querem. Somos livres para isso, ou seja, para castrar nossa liberdade. Mas, será uma forma de destruir nossa essência. O médico Drauzio Varella, em vídeo postado na sua página do site Uol, conta como nossa natureza "grita": "Você pode controlar o comportamento [...], mas você não controla o desejo. O desejo humano é incontrolável". E isso nos convida a entender que devemos aprender a respeitar o que somos. Lucas conta que não sabe existir sem ser o que é, mesmo num dos países mais hostis do mundo com a população LGBT (lésbicas, gays, bissexuais e transexuais) e negra: uma morte por homofobia a cada 16 horas (segundo dados obtidos e divulgados pelo site Uol, em 2019, de um relatório enviado à Advocacia Geral da União) e três vezes mais homicídios entre jovens negros do que entre os brancos (conforme consta no relatório *Vidas perdidas e racismo no Brasil*, publicado pelo Ipea), Mas Lucas resiste, e sua resistência inspira minorias a resistirem, na vida e com arte.

Mariana Tozzi e
Mariana Setti

Nossa família tem nome e sobrenome

Em 2013, foi publicada pelo Conselho Nacional de Justiça a Resolução 175, que garantiu a casais homoafetivos o direito ao casamento civil, graças a uma decisão histórica, de 2011, do Supremo Tribunal Federal, que reconheceu a união homoafetiva como entidade familiar. Isso foi uma grande conquista!

Ter todos os direitos e obrigações previstos em lei, para muitos, pode parecer bobagem, mas para nós foi a garantia da constituição da nossa família. Nossa família tem nome e sobrenome, Setti Tozzi. Nossa família é feita de duas mulheres. E duas gatas. Na nossa família vez em quando empresta-se uma mãe, madrinhas, amigos e algumas camisetas. Nossa família tem garantido convênio médico compartilhado e direito a adoção de filhos.

Entre todas essas coisas, fazemos questão de compartilhar nosso amor em redes sociais, andar de mãos dadas pelas ruas porque é importante para que as outras mulheres nos vejam e possam se identificar, afinal somos apenas uma mulher que ama outra mulher e tem sentimentos como qualquer pessoa.

Ouça o conteúdo

AMOR É AMOR

Na Grécia Antiga, mãe da filosofia, a relação amorosa entre homens era vista com naturalidade. Hoje, em pleno século XXI, mais de setenta países criminalizam a homossexualidade e, em treze deles, há pena de morte como punição (levantamento feito pela BBC, com base em dados ILGA). No Brasil, em 2011, uma decisão do Supremo Tribunal Federal (que teve relatoria do então ministro Ayres Britto), seguida da resolução número 175 do Conselho Nacional de Justiça, passou a permitir que pessoas do mesmo sexo constituam família, como em quase trinta outras nações. Apesar de conquistas, a afetividade ainda não é compreendida quando foge de padrões impostos por maiorias. E vale perguntarmos à nossa consciência: por que um direito do outro, que nada prejudica o meu, me incomodaria?

Victoria Lima

Você é quem deve construir sua história

Durante anos eu acreditei estar errada em me identificar com o universo feminino. Afinal, nasci biologicamente menino, mas sempre sonhei em ter cabelo longo, usar salto alto... Observava minha mãe e irmãs passando maquiagem e desejava viver aquilo, eu queria SER aquilo.

Cresci numa família tradicionalmente religiosa, fui forçada a acreditar que eu estava errada e que me sentir assim era algo do mal. Mas sempre questionei o quanto Deus é amor, Deus é compaixão, Deus é felicidade, e não o ódio que pregam em algumas igrejas. Acredito que Ele não erra, todos estamos no caminho certo.

Ao entender que eu não estava errada em ser quem sou, eu passei a enfrentar tudo e todos em prol da minha felicidade. Nunca foi fácil, mas não baixei a cabeça nem deixei de lutar pelo que acredito. Consegui entrar na universidade, consegui um emprego, onde sou tratada como a mulher que sou.

Conheci pessoas incríveis que me ajudaram e me apoiaram em todas as minhas decisões. Aprendi que sua felicidade depende apenas de você, você é quem deve trilhar e escrever sua história. Como dizia Simone de Beauvoir: "Não se nasce mulher, torna-se".

Ouça o conteúdo

GÊNEROS E IDENTIDADES

"Ele" ou "ela"? É uma dúvida comum diante de uma pessoa transgênera. Essa dúvida geralmente acontece porque se mistura gênero com sexo, inclusive em documentos que perguntam nosso "sexo" quando deveriam perguntar nosso "gênero". Sexo é genitália, é órgão sexual. Já gênero está relacionado aos atributos que nos identificam e, segundo Judith Butler, faz parte de uma construção social. Portanto, uma mulher trans é "ela", enquanto um homem trans é "ele". Essas pessoas podem, inclusive, adotar o nome social em cartórios de todo o Brasil sem a necessidade de mudança de sexo. Agora, na dúvida sobre como tratar as pessoas, em vez de julgar, pergunte educadamente. E respeite.

Julian Steven Soares e
Ana Carolina da Silva

Transgressões

Eu devo me manter erguido, mas apontam
Eu deveria me manter erguido, mas duvidam
Eu devo me manter erguido, mas zombam
Eu deveria me manter erguido, mas me expulsam
Eu devo me manter erguido, mas até eu mesmo duvido se é possível me manter erguido se o mínimo que eu quero é respeito e respeito não me dão
Eu deveria me manter erguido, mas são dias difíceis. São dias lentos, cansativos
E o tempo? O tempo parece que não passa, parece que levou com ele os dias bons e só sobrou...
Só sobrou esse bando de pessoas tóxicas.
Suor frio em minhas mãos
Só eu
E
Minha solidão
Têm sido tempos difíceis, mas eu devo e vou ficar erguido
Por mim
E
Por eu não me encaixar na tua caixinha, expandi
Evoluí
E
TRANScendi

Ouça o conteúdo

SAIR DA CAIXA E TRANSCENDER

O texto ao lado é um poema do Julian que ecoa a voz de transexuais pelo Brasil todo. Julian é um homem trans e Ana, sua companheira, identifica-se como travesti. Eles formam um casal, por sinal um casal heteroafetivo. Há quem fique indignado diante de pessoas como eles, mas indigno é o fato de transexuais no Brasil viverem, em média, 35 anos (segundo dossiê de 2019 da Associação Nacional de Travestis e Transexuais do Brasil – Antra) por causa da segregação e da violência a que são submetidos, só pelo fato de serem transexuais. O Brasil é o país que mais mata transexuais e o que mais acessa pornografia transexual (o tema virou manchete da revista *Superinteressante*, em 8 de maio de 2018). Apesar de aparentemente contraditórios, tais fatos são fruto do mesmo motivo: transexuais ainda são vistos como coisas, não como pessoas. É urgente transcendermos dessa indigência.

Jorge Da Hora

O alimento da alma

Meu lugar de fala é: negro, que nasceu e se criou numa favela, cozinheiro e homossexual. E defensor de uma causa que é a identidade africana na formação da cozinha brasileira.

Formado pelo Senac Pelourinho, trabalhei até em plataformas da Petrobrás do Nordeste. Em 2006, fui para Águas de São Pedro (SP) fazer o curso de cozinheiro chef internacional. Lá, passei por uma fase difícil, de não ter o que comer. Algumas pessoas me deram até roupa de cama, que tenho até hoje de recordação. Mas, antes mesmo de terminar o curso, o Senac me faz um convite para trabalhar. Aí, decidi fazer hotelaria. Foi quando comecei a ser professor. Fiz duas especializações e surgiu o desafio de ser chef executivo nos hotéis Senac e voltar para a sala de aula trazendo toda essa bagagem.

Como professor universitário, nasceu um projeto de extensão que se chama Comida de Santo, que consiste em trazer uma pesquisa sobre a referência sagrada do alimento das religiões de matriz africana. A ideia é mostrar a relevância que a cultura negra tem não só no Brasil, mas como ela contribui para o mundo. O negro não foi escravizado por ser burro, ignorante, mas por TER conhecimento, inteligência, habilidades. Quando você coloca esse cenário, faz refletir e mudar.

Com esse trabalho, vejo resultados. Gratamente, tenho escutado pessoas dizendo: "Eu não fazia ideia disso", "Não tinha entendimento disso", "Fui ignorante minha vida inteira por não querer comer isso". É impressionante! É o alimentar físico, cultural e espiritual.

Ouça o conteúdo

HUMANIZAR PARA BUSCAR O DIVINO

Estudamos mitologia grega na escola, mas há tanto preconceito com os mitos africanos que nos remetem a riquíssimas reflexões sobre nossa existência e a relação com os elementos da natureza. Mesmo sendo a África muito mais próxima do Brasil, base da nossa formação cultural. Uma possível explicação para isso é a falta do alimento cultural, com o qual o chef Jorge nos ilumina. Alimento também é cultura, e cultura é alimento fundamental para entendermos o que somos, de onde viemos e para onde queremos ir. A busca do sagrado difere entre sociedades, grupos e pessoas, mas quando segregamos pela fé matamos o que há de humano e divino em nós.

Carina Sotero

Cristã, creio no amor e respeito outras crenças

Sou cristã há vinte anos. Já atuei, inclusive, em projetos voluntários com crianças e jovens em alguns países. Diante de várias culturas, crenças e línguas, o amor é uma linguagem universal. Quando se ama, se respeita.

O cristianismo apresenta um único mandamento: "Ame a Deus acima de todas as coisas e ao próximo como a ti mesmo". Esse é um enorme desafio ainda presente nos dias de hoje.

A sociedade e suas diversas expressões precisam de amor, respeito, aceitação de si e do outro.

Eu respeito as outras religiões, outros modos de vida e outros jeitos de pensar e agir. Afinal, acredito que Jesus veio ao mundo como a maior expressão de amor e respeito que poderia existir na humanidade.

Podemos aprender a conviver mais, independente de nossa fé e nossos valores.

Ouça o conteúdo

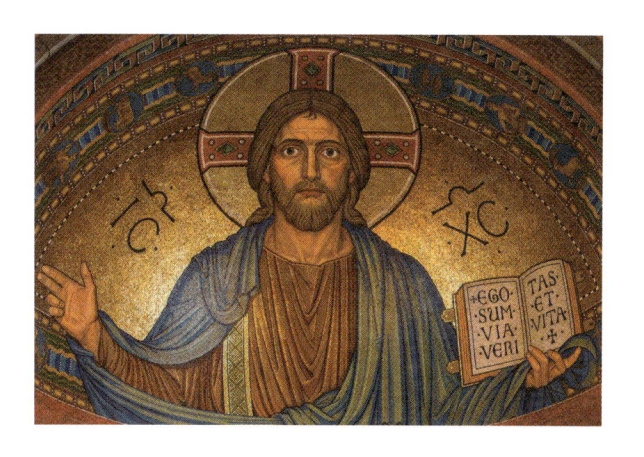

AMOR AO PRÓXIMO, O ESSENCIAL

Se o cristianismo pudesse ser resumido em uma frase, qual você escolheria? Eu fico com "Amai-vos uns aos outros", atribuída pelas escrituras ao próprio Cristo como "um novo mandamento" deixado aos seus fiéis. O desafio, entretanto, é ir além da frase e chegar à sua prática. Se amar quem se parece com a gente já é complexo, imagine amar os diferentes, os discordantes, aqueles cujo modo de vida está muito distante do nosso. Infelizmente, a história está repleta de episódios de violência protagonizados por quem diz ser fiel a um mandamento de amor. Mas existem os que inspiram pelo exemplo e conseguem fazer da fé um ato de amor a todos os próximos.

Mylena Ramos

Sou budista e acredito na pluralidade da fé

Sou budista há 27 anos e o que mais me encanta nessa religião é sua visão humanista: buscamos sempre encontrar no outro seu potencial máximo, valorizando a dignidade da vida com coragem, empoderamento, resiliência e gentileza.

Isso me trouxe muitas respostas, mas não significa que vejo como única verdade ou uma forma melhor que outras de crer em algo superior. Por ter amigos de várias religiões, como católicos, evangélicos, umbandistas, praticantes do candomblé, etc., eu sempre quis muito estudar e aprender sobre outras crenças e já até fui em igrejas diversas, conversando muito com as pessoas que as frequentam para manter uma visão plural sobre a fé.

Eu acredito que todos os tipos de crença devem merecer o nosso respeito, assim como o direito de não crer.

Ouça o conteúdo

SER BOM A TODOS OS TIPOS DE VIDA

A palavra "Buda" significa "aquele que despertou da ignorância". O budismo é uma religião que surgiu na Índia e é a quarta maior do mundo em número de fiéis. A reencarnação de todos os seres está entre as crenças budistas e, assim, defende que devemos ser bons com todo tipo de vida (por isso a dieta dos budistas geralmente não inclui animais). Os budistas também entendem que o sofrimento é fruto dos desejos humanos e devemos diminuir os apegos, elevando a consciência física e espiritual. Mylena cita a valorização do outro como algo que lhe dá sentido. E frisa que esse "outro" pode ser também aquele que não crê. Grande inspiração a todos os religiosos.

Raul Osório

Derrubei preconceitos e me achei na umbanda

A busca pelo sentido da vida nos leva a descobrir caminhos que nunca pensamos ser uma opção. A umbanda foi um desses achados e ouso dizer que foi ela que me achou.

Durante muito tempo, dediquei-me a prazeres momentâneos, como baladas, festas e gastei muita energia, saúde e dinheiro para tentar pertencer a grupos que não condiziam com a minha realidade. Era melhor "parecer" fazer parte, do que não estar ali.

Todo esse desgaste me levou ao questionamento de quem sou eu e o que espero pra mim, desencadeando uma depressão pelo vazio de apenas parecer.

A umbanda, com seus ensinamentos de amor e caridade, mostrou-me o que é realmente sermos verdadeiros com nossa essência. E foi por meio de incertezas que me permiti derrubar os preconceitos sobre a religião, podendo conhecer a conexão com o sagrado de uma maneira diferente de outras religiões, pois descobri que o sagrado existe dentro de mim.

Ouça o conteúdo

OS ORIXÁS E A NATUREZA

Vivemos um tempo em que terreiros de umbanda e candomblé, religiões de matriz africana, estão sendo atacados no Brasil por pessoas que se dizem "cristãs". E isso faz lembrar a Idade Média, quando os que "desafiavam" dogmas cristãos eram queimados na fogueira. Cientistas cujas pesquisas contribuíram com a evolução do mundo, por exemplo, foram mortos na época. A umbanda é um tipo de fé digna de respeito, como qualquer outra. Ela é, inclusive, fruto do sincretismo com o próprio cristianismo. Seu ideal de sagrado está ligado aos orixás, representações da natureza. Raul derrubou preconceitos para ser umbandista. Os não umbandistas também precisam derrubá-los.

Vinícius Jorge Ribeiro de Lima

Conto as histórias dos "invisíveis" das ruas

O SP Invisível começou em março de 2014. Em dezembro de 2013, um pastor de adolescentes da igreja que congrego estava muito incomodado com as redes sociais dos adolescentes. Ele achava que era tudo muito fútil e pouca vida real. Aí, um dia, ele teve a ideia de levar os adolescentes pelas ruas da cidade, tirar fotos de tudo o que era invisível para uma exposição. Só que algo tinha em comum em quase todas as fotos: eram pessoas dormindo na rua. Foi feita uma exposição.

Três meses depois surgiu a ideia de falar das histórias que havia nas fotos. Porque invisível não é o corpo, mas a história. Na época eu estava fazendo jornalismo. Fomos contando as histórias para humanizar o olhar das pessoas. E as pessoas começaram a falar que estavam mudando a visão, humanizou meu olhar. E aí começamos a fazer ações e hoje a gente funciona com contações de histórias e ações para conectar a galera que está na rua com a galera voluntária. Hoje, o que motiva é isso: humanizar relações, humanizar olhares.

O SP Invisível em mim mudou bastante coisa. Por ter crescido numa igreja evangélica, várias vezes eu chegava com um olhar mais conservador. Eu ficava julgando. Mas você passa a entender que cada pessoa tem um porquê, cada pessoa tem uma história. Aí você passa a julgar menos.

Ouça o conteúdo

JULGAR MENOS PARA HUMANIZAR MAIS

Passa de 100 mil o número de moradores de rua no Brasil, segundo o estudo Estimativa da população em situação de rua, do Ipea (2016). Isso considerando os que pedem assistência às prefeituras. Órgãos ligados aos direitos humanos falam que há muito mais. Sofreram mais de 17 mil casos de violência, entre 2015 e 2017, aponta a Secretaria de Vigilância em Saúde, em boletim epidemiológico de junho de 2019. Esses números, entretanto, parecem tão invisíveis quanto eles. E quando não são ignorados, são julgados: "drogados", "vagabundos"... O relato de Vinícius, que repensou seu filtro religioso diante da realidade da sarjeta, convida-nos à autocrítica. O SP Invisível, além de ajudar com ações, conta histórias de vida em um site, também sem julgar. Humaniza o que é humano, na complexidade. E nós?

Wallace de Jesus

Eu, favelado, e os livros

Fui abortado pelo meu pai. Isso não me aflige, porém deixou imensas lacunas na minha vida. Eu, um homem de 31 anos, filho de nordestina, nascido e criado na periferia de São Paulo. Tenho a pele branca e os traços negros. Sou a maior tradução da farofa de miscigenação que é esse país.

Cresci em meio à violência doméstica dos meus vizinhos, assassinatos cotidianos na minha quebrada, às margens de um córrego que servia de esgoto. Abandonado pelo Estado. Eu não tinha acesso à cultura. A biblioteca da escola sempre de portas cerradas. Opções de lazer, somente o campo de terra batida. Só tive acesso a cinema, teatro, museus depois dos 15 anos.

Minha mãe e meu padrasto trabalhavam para que tivéssemos dignidade e comida na mesa. Fizeram o melhor que puderam. Na minha família eu não tinha referência de escola, o ápice era concluir o ensino médio e conseguir um trabalho. Tudo colaborava para que eu fosse mais um marginalizado.

Mas eu consegui me libertar da alienação imposta. Aos 16 anos, quando li A hora da luta, de Álvaro Cardoso Gomes, foi uma revolução dentro de mim. Eu me transformo quando abro um livro. Sonho um dia poder proporcionar a mais pessoas da favela esse sentimento de emancipação. Quando li Quarto de despejo, de Carolina de Jesus, eu me senti plenamente alcançado, quando ela diz que nasceu para ler as palavras.

Este sou eu, um pobre e favelado, que, apesar do descaso do Estado, conseguiu se salvar por meio da leitura. Sinto orgulho das minhas origens e amo a palavra escrita. Viva o povo da periferia!

Ouça o conteúdo

PÁGINAS DE EMANCIPAÇÃO

No filme *O contador de histórias*, Luiz Villaça conta a vida de Roberto Carlos, garoto pobre que, após passagens pela antiga Febem, encontra acolhida em uma pesquisadora francesa e acaba se tornando um dos maiores contadores de história do mundo. A cena em que ele é apresentado a um livro é incrível. Ela lê para ele *Vinte mil léguas submarinas*, de Júlio Verne, e isso lhe causa uma viagem, segundo ele, "maior que cheirar *tinner*". O livro o liberta para o sonho que a desigualdade ceifou. Wallace chama isso de emancipação. Tão necessária em um país que é fiasco em leitura, atrás de mais de cinquenta países, segundo o Programa Internacional de Avaliação de Estudantes (Pisa) 2018. Que muitos Wallaces nos salvem com a leitura.

Nilzen Helena Aquino Campos

O trabalho me completa

Olha, eu sou uma pessoa que gosta muito de trabalhar. Então, o trabalho me completa. Tenho uma ocupação que me preenche...

Sou de São Paulo, fiz 60 anos e me aposentei, já faz cinco anos, mas, enquanto eu posso, vou trabalhar, faço o que eu gosto e, não sejamos hipócritas, é uma renda a mais. E é algo que a gente precisa: complementar a renda. O salário que você recebe pelo INSS é muito pouco. Com o tempo, se você não trabalhar mais, entra em pânico porque fica muito difícil.

Conheço várias pessoas que já estão aposentadas, mas precisam fazer uma faxina ou são cozinheiras... Tenho uma amiga, por exemplo, que tem 70 anos, já está aposentada e precisa ser faxineira. Ela tentou entrar no mercado, mas não conseguiu e foi fazer faxina (e ela sustenta a sua casa com o seu salário).

Tenho quatro filhas, duas moram comigo e duas não. Sou separada já tem uns oito anos. Sou arrimo de família.

Comecei a trabalhar muito cedo, com 13 anos, em uma empresa que fazia bobinas para carro. Eu sou negra e o meu maior desafio é que, por ser negra, na minha época, em que não tinha a abertura que tem hoje, não lhe davam muitas oportunidades. Mesmo que você tivesse um estudo, sempre ficava para trás.

Tive uma chefe má, que não gostava de negros. Ela sempre fazia alguma maldade para me chatear, me fazer chorar. Acabei saindo. (continua na página 162)

Ouça o conteúdo

A QUESTÃO GERACIONAL

A média etária do Brasil está crescendo e de forma contundente. Em 25 anos, o país vai dobrar sua população de idosos, um processo que, na França, demorou 125 anos, comparou reportagem do Jornal Nacional (TV Globo), utilizando estimativas da Organização Mundial de Saúde (OMS). Detalhe fundamental: estamos muito distantes de ter a estrutura francesa de amparo social. Essa é uma questão urgente e que não se resolve apenas com uma calculadora financeira utilizada por burocratas de terno e gravata em salas confortáveis e climatizadas. Porque não se trata só de números, mas de vidas. Vidas como a de dona Nilzen, que labutou a vida toda de forma digna, honesta e corajosa. E merece, agora, dignidade.

Recomecei do zero e hoje acho que fiz minha parte

Fui inspetora de alunos na Prefeitura e pedi exoneração para montar meu negócio. Montei uma empresa de marmitex, que na época estava em evidência. Trabalhei muito, servia quase 500 marmitas por dia. Era embaixo da minha casa, fiz uma cozinha industrial, equipei a cozinha...

Um belo dia, acabou, servi o almoço e não servi a janta. Aí fui tentando sobreviver, fiquei sem trabalhar um bom tempo, passei várias necessidades e para entrar no mercado de novo foi muito difícil, mas muito difícil mesmo.

Recomecei do zero, entrei como copeira numa empresa, coisa que eu nunca tinha feito na minha vida. Arrumei uma amizade lá dentro que acabou saindo dessa empresa e disse que me levaria com ela, eu fui e a empresa acabou falindo. Aí um outro amigo me levou para uma instituição que trabalha com educação de jovens aprendizes (gosto muito da minha história nessa empresa) e lá entrei como operacional, na limpeza. Ele falou: "Olha, vou arrumar para você, mas é na limpeza" e eu falei: "Não tem problema, o importante para mim é trabalhar".

Quatro meses de empresa, o gerente-geral me deu um envelope. Quando eu abri, quase morri, era minha promoção. Aí eu fui para zeladoria e fiquei quase dois anos na função.

Daqui a pouco, de novo, a minha gestora me chama e fala: "Você vem aqui que preciso falar muito sério com você". Eu pensei: "Pronto, vai me mandar embora agora". Mas era outra promoção. Eu fui para assistente de relacionamento. E ali eu fiquei.

O meu negócio daqui para a frente é viajar. Eu já fiz a minha parte – e acho que fiz muito bem-feita. Então, agora, quero sossego mesmo, ter uma qualidade de vida um pouco melhor, cuidar de mim. Ah, eu quero viajar! (risos)

Ouça o conteúdo

FELIZES OS QUE ENVELHECEM

Se lembrarmos as pirâmides etárias do Brasil nos anos 1970, vamos ver exatamente uma pirâmide: base larga (muitos nascimentos) e ponta fina (poucos idosos). Essa pirâmide está ficando cada vez menos pirâmide, está mudando, mas falta mudar a forma como encaramos a questão. O Brasil ainda é um país jovem, mas cada vez menos. E precisamos deixar de pensar que todas as virtudes estão apenas na juventude. Respeitar o idoso, vê-lo como experiente, produtivo, criativo, belo e digno ainda é um horizonte distante. Lembremos que felizes são os que envelhecem e, mais ainda, os que conseguem chegar à aposentadoria com condição de dizer que todas as batalhas valeram a pena. E que ainda há muito a viver.

Você:

Mande sua história Esta página está em branco porque é para a sua história e você pode preencher como quiser, escrevendo, desenhando, colando... É uma forma de deixar seu livro personalizado com a sua narrativa. É também um convite para que reflita sobre a essência da vida: a beleza da diferença, que está em você e em todos nós. Você pode, também, interagir com sua história nas redes sociais, usando a *hashtag* **#vivaeentendaadiferença** (pode postar a foto desta página com sua história ou um texto, um áudio, um vídeo...). A ideia é manter viva a essência desta obra: viver e entender a diversidade construindo convivência.

Ouça o conteúdo

Marcos Brogna, autor-mediador

(Con)Viva (N)a diferença!

Deixei para me apresentar por último porque eu não sou o mesmo que era antes de dividir as páginas com todas essas pessoas e histórias aqui contadas. Estou mais gente. E quero agradecer imensamente a cada um que aqui deixou um pouquinho de sua vida e a você, leitor, leitora, que chegou até aqui.

Vivo na Pauliceia multicolorida de Mário de Andrade, onde trabalho como professor universitário. Sou mestre e doutorando em comunicação pela Unesp. Graduei-me em jornalismo e as redações eram meu lugar de trabalho antes das salas de aula (fui editor-chefe de jornal por uma década). A docência, que exerço desde 2010, possibilitou a reinvenção das minhas esperanças.

Este livro é um sonho de anos. Antes dele, eu já havia escrito sobre diversidade, mas queria escrever sobre diversidade na diversidade, sem a "onisciência" dos escritores, dividindo meu lugar de fala com outros. Queria misturar. E aqui está a mistura!

Quando criança, assistindo a um desenho animado na tevê, ouvi uma personagem dizer a outra: "Ninguém é perfeito". Não me lembro do desenho, mas a frase ficou em minha mente e, apesar de ser tão clichê, fazia sentido diante das primeiras inquietações sobre mim. Quando conheci a obra de Caetano Veloso, ficou mais claro: "De perto, ninguém é normal". Ainda bem!

Ouça o conteúdo

ESSA GENTE...

Jerá Guarani
Thais Nascimento
Damiana da Costa
Caio César da Silva
Elizângela Procópio
Tainã Briganti
Brendo de Lima
Danielle Cristina Santos
Maria Aparecida Ouvinhas Gavioli
Rosanna Bendinelli
Daniela Montesano
Marcelo Paiva
Reinaldo Bulgarelli
Liana Gottlieb
Thiago de Oliveira
Deborah Griebeler
Ariadne Ribeiro
Talitha Camargo da Fonseca
Marco Mattiole
Jean Gréguère Millien
Tamiris Neres
Laura Brigatti
Isabelle Gomes
Fernanda Ohashi
Luana Barros
Maria Helena Chenque
Henrique Antun
Karine Rocha
Darci Brignani
Conceição Negri
Rafael Onori
Paula Napolitano
Lucas Santiago
Mariana Tozzi e Mariana Setti
Victoria Lima
Julian Steven Soares e Ana Carolina da Silva
Jorge Da Hora
Carina Sotero
Mylena Ramos
Raul Osório
Vinícius Jorge Ribeiro de Lima
Wallace de Jesus
Nilzen Helena Aquino Campos
Você

...QUE NOS CONVIDA A SER GENTE

Não foi fácil conseguir parar de incluir histórias para este livro que, um dia, precisaria ser finalizado. Foram dois anos de interações e, a cada nova personagem, vinha a ideia de outra com outras vivências igualmente importantes para nos ensinar.

No início, pensei em agrupar as histórias dividindo-as em "vozes" de identidade, de trabalho, de ativismo, de fé... Mas eis que surgiu mais um aprendizado: a diversidade humana não cabe em enquadramentos e fica muito mais bem representada na mistura, como em um mosaico de vida, em que todas as cores ladeadas tornam tudo mais belo, humano, real.

Essas páginas foram fruto de uma desafiadora construção de diálogos entre mim e essas pessoas, na busca de narrativas verdadeiramente humanizadas. Foi um vaivém de interações e de aprendizados mútuos. Bebemos da fonte de Paulo Freire invocando a possibilidade da comunicação dialógica, que se mostrou tão real e possível.

Cada leitora ou leitor fará dessas histórias a sua interpretação e seu aprendizado. Mas um fato fica para mim registrado como um fruto inegável deste sonho realizado: essa gente aí ao lado nos ensina a ser mais gente. Melhor que isso é saber que, fora do livro, há tanta gente por todo lado. Do meu lado e do seu lado.

Ouça o conteúdo

REFERÊNCIAS

ABREU, C. F. **Poesias nunca publicadas de Caio Fernando Abreu**. São Paulo: Record, 2012.

ALVES, R. **Ostra feliz não faz pérola**. São Paulo: Planeta, 2014.

ANDRADE, M. **De Pauliceia desvairada a café (poesias completas)**. São Paulo: Círculo do Livro, 1986.

ARISTÓTELES. **Ética a Nicômaco**. Trad. Leonel Vallandro e Gerd Bornheim, da versão inglesa de W. D. Ross. São Paulo: Abril Cutural, 1979 (Coleção Os Pensadores, v. II).

AS HORAS. Direção: Stephen Daldry. Produção: Scott Rudin e Robert Fox. Los Angeles: Paramount Pictures e Miramax Films, 2002. 1 DVD.

BARBALHO, A.; PAIVA, R. **Comunicação e cultura das minorias**. São Paulo: Paulus, 2005.

BBC BRASIL. 70% das vítimas são crianças e adolescentes: oito dados sobre estupro no Brasil. **BBC Brasil** (site institucional), 24 abr. 2017. Disponível em: https://www.bbc.com/portuguese/brasil-36401054. Acesso em: 19 jan. 2020.

BBC BRASIL. Em 2017, mais brasileiros foram ao Louvre, em Paris, do que ao Museu Nacional. **BBC Brasil** (site institucional), 3 set. 2018. Disponível em: https://www.bbc.com/portuguese/brasil-45402234. Acesso em: 20 dez. 2019.

BBC BRASIL. Mapa mostra como a homossexualidade é vista pelo mundo. **BBC Brasil** (site institucional), 28 jun. 2019. Disponível em: https://www.bbc.com/portuguese/internacional-48801567. Acesso em: 20 dez. 2019.

BEAUVOIR, S. de. **O segundo sexo**: fatos e mitos. Rio de Janeiro: Nova Fronteira, 1980.

BENEVIDES, B. G.; NOGUEIRA, S. N. B (orgs.). **Dossiê**: assassinatos e violência contra travestis e transexuais no Brasil em 2018. Brasília: ANTRA/IBTE, 2019. Disponível em: https://antrabrasil.files.wordpress.com/2019/12/dossie-dos-assassinatos-e-violencia-contra-pessoas-trans-em-2018.pdf. Acesso em: 19 jan. 2020.

BRASIL. **Lei nº 4.024, de 20 de dez.embro de 1961**: Fixa as diretrizes e bases da educação no Brasil. Presidência da República, Casa Civil. Disponível em: http://www.planalto.gov.br/ccivil_03/leis/l4024.htm. Acesso em: 19 jan. 2020.

BRASIL. **Lei nº 5.692, de 11 de agosto de 1971.** Fixa Diretrizes e Bases para o ensino de 1º e 2º graus, e dá outras providências. Disponível em: http://www.planalto.gov.br/ccivil_03/leis/l5692.htm. Acesso em: 19 jan. 2020.

BRASIL. **Lei nº 13.146, de 6 de julho de 2015:** Institui a Lei Brasileira de Inclusão da Pessoa com Deficiência (Estatuto da Pessoa com Deficiência). Disponível em: http://www.planalto.gov.br/ccivil_03/_ato2015-2018/2015/lei/l13146.htm. Acesso em: 18 jan. 2020.

BRASIL. **Resolução nº 175, de 14 de maio de 2013.** Dispõe sobre a habilitação, celebração de casamento civil, ou de conversão de união estável em casamento, entre pessoas de mesmo sexo. Disponível em: https://atos.cnj.jus.br/files/resolucao_175_14052013_16052013105518.pdf. Acesso em: 19 jan. 2020.

BULGARELLI, R. **Diversos somos todos:** valorização, promoção e gestão da diversidade nas organizações. São Paulo: Editora de Cultura, 2008.

BUTLER, J. **Problemas de gênero:** feminismo e subversão da identidade. Rio de Janeiro: Civilização Brasileira, 2003.

CAMBIAGHI, S. **Desenho universal:** métodos e técnicas para arquitetos e urbanistas. 4. ed. São Paulo: Senac São Paulo, 2017.

CARLETTO, A. C.; CAMBIAGHI, S. **Desenho Universal:** um conceito para todos. Instituto Mara Gabrilli. São Paulo, 2007.

CERQUEIRA, D. R. C.; MOURA, R. L. **Vidas perdidas e racismo no Brasil**. Brasília: IPEA, 2013. Disponível em: http://www.ipea.gov.br/portal/images/stories/PDFs/nota_tecnica/131119_notatecnicadiest10.pdf. Acesso em: 20 dez. 2019.

CORTELLA, M. S.; BARROS, C. de. **Ética e vergonha na cara**. São Paulo: Papirus, 2014.

COSTA, A. **Heráclito, fragmentos contextualizados**. São Paulo: Odysseus, 2012.

CRUZ, E. G. Disque 100 recebe 50 casos diários de crimes sexuais contra menores. **Agência Brasil**. 18 maio 2019. Disponível em: http://agenciabrasil.ebc.com.br/direitos-humanos/noticia/2019-05/disque-100-recebe-50-casos-diarios-de-crimes-sexuais-contra-menores. Acesso em: 28 jan. 2020.

CUNNINGHAM, M. **As horas**. São Paulo: Companhia das Letras, 1999.

ELTIS, D. **Atlas of the transatlantic slave trade**. New Haven: Yale University Press, 2015.

FAILLA, Z. (org.). **Retratos da leitura no Brasil 4**. Rio de Janeiro: Instituto Pró-Livro/Sextante, 2016. Disponível em: http://prolivro.org.br/home/images/2016/RetratosDaLeitura2016_LIVRO_EM_PDF_FINAL_COM_CAPA.pdf. Acesso em: 18 jan. 2020.

FÓRUM BRASILEIRO DE SEGURANÇA PÚBLICA. **Dignidade sexual:** estupro e tentativas de estupro antes e depois da lei 12.015, de 2009. Disponível em: https://public.tableau.com/profile/fbsp#!/vizhome/dignidade_sexual/Dadosemtabela. Acesso em: 24 jan. 2020. (última atualização em 22 de fevereiro de 2018).

FREIRE, P. **Extensão ou comunicação?** 19. ed. São Paulo: Paz e Terra, 2018.

FREIRE, P. **Pedagogia da tolerância**. Organização e notas: Ana Maria Araújo Freire. São Paulo: Paz e Terra, 2014.

FREUD, S. **A interpretação dos sonhos**. Porto Alegre: L&PM, 2016.

FUNAI. **Índios no Brasil**. Disponível em: http://www.funai.gov.br/index.php/indios-no-brasil/quem-sao. Acesso em: 20 dez. 2019.

FUNDAÇÃO ABRINQ. **Cenário da infância e adolescência no Brasil 2018**. Disponível em: https://www.fadc.org.br/sites/default/files/2019-02/cenario-brasil-2018.pdf. Acesso em: 24 jan. 2020.

GARDNER, H. **Inteligências múltiplas:** a teoria na prática. São Paulo: Artmed, 1995.

GERMANO, F. Brasil é o país que mais procura por transexuais no Redtube – e o que mais comete crimes transfóbicos nas ruas. **Superinteressante**, 8 maio 2018. Disponível em: https://super.abril.com.br/comportamento/brasil-e-o-pais-que-mais-procura-por-transexuais-no-redtube-e-o-que-mais-comete-crimes-transfobicos-nas-ruas/. Acesso em: 20 dez. 2019.

GOLEMAN, D.; KAUFMAN, P.; RAY, M. **O espírito criativo**. São Paulo: Cultrix, 1998.

GUIA DO ESTUDANTE. Censo do IBGE [2010] mostra crescimento no número de brasileiros com ensino superior: percentual subiu de 4,4% para 7,9%. **Guia do Estudante** (site institucional), 16 maio 2017. Disponível em: https://guiadoestudante.abril.com.br/universidades/censo-do-ibge-mostra-crescimento-no-numero-de-brasileiros-com-ensino-superior/. Acesso em: 20 dez. 2019.

GURGEL, A. **Pare de se odiar**: por que amar o próprio corpo é um ato revolucionário. São Paulo: BestSeller, 2018.

INSTITUTO BRASILEIRO DE GEOGRAFIA E ESTATÍSTICA (IBGE). **Censo demográfico 2010:** características da população e dos domicílios – resultados do universo. Rio de Janeiro: IBGE, 2011.

INSTITUTO BRASILEIRO DE GEOGRAFIA E ESTATÍSTICA (IBGE). **Desigualdade social por cor ou raça no Brasil**. Estudos e pesquisas – Informação demográfica e socioeconômica, n. 41. Disponível em: https://biblioteca.ibge.gov.br/visualizacao/livros/liv101681_informativo.pdf. Acesso em: 24 jan. 2020.

INSTITUTO BRASILEIRO DE GEOGRAFIA E ESTATÍSTICA (IBGE). **Síntese de indicadores sociais:** uma análise das condições de vida da população brasileira. Rio de Janeiro: IBGE, 2018. Disponível em: https://biblioteca.ibge.gov.br/visualizacao/livros/liv101629.pdf. Acesso em: 24 jan. 2020.

INSTITUTO DE PESQUISA ECONÔMICA APLICADA (IPEA). **Tolerância social à violência contra as mulheres**. 2014. Disponível em: http://www.ipea.gov.br/portal/index.php?option=com_content&view=article&id=21971&catid=10&Itemid=9. Acesso em: 27 jan. 2020.

J. LEIVA. **Como 33 milhões de brasileiros consomem arte**. Disponível em: https://www.jleiva.co/cultura-nas-capitais?gclid=CjwKCAjwns_bBRBCEiwA7AVGHiSeGqEGEwqTP_2NLl1fOlOQnLTJjjFbLND4UKTliurWjwtMBKDwKBoCQsQQAvD_BwE. Acesso em: 20 dez. 2019.

JORDÃO, G.; ALLUCCI, R. R. **Panorama setorial da cultura brasileira 2013-2014**. São Paulo: Alucci & Associados Comunicações, 2014. Disponível em: https://panoramadacultura.com.br/edicao-2013-2014-download/. Acesso em: 18 jan. 2020.

JORNAL NACIONAL. Brasil envelhece e é preciso se preparar cada vez mais cedo. **Jornal Nacional/G1**, 2 jan. 2017. Disponível em: http://g1.globo.com/jornal-nacional/noticia/2017/01/brasil-envelhece-e-e-preciso-se-preparar-cada-vez-mais-cedo.html. Acesso em: 19 jan. 2020.

JUNG, C. **Os arquétipos e o inconsciente coletivo**. São Paulo: Vozes, 2014.

KAHLO, F. **El diario de Frida Kahlo:** un íntimo autorretrato. 2. ed. México: La Vaca Independiente, 2008.

LIMA, M. I. de; CHAPLIN, L. da C. **Poesias nunca publicadas de Caio Fernando Abreu**. Rio de Janeiro: Record, 2012.

LINS, B. A.; MACHADO, B. F.; ESCOURA, M. **Diferentes, não desiguais:** a questão de gênero na escola. São Paulo: ReviraVolta, 2016.

LISPECTOR, C. **A descoberta do mundo**. Rio de Janeiro: Rocco, 1999.

McKINSEY & COMPANY. **A diversidade como alavanca de performance.** McKinsey & Company (site institucional), 24 jan. 2019. Disponível em: https://www.mckinsey.com/business-functions/organization/our-insights/delivering-through-diversity/pt-br. Acesso em: 20 dez. 2019.

MISKOLCI, R. **Marcas da diferença no ensino escolar.** São Carlos: EdUFSCar, 2014.

MORENO, A. C. Negros representam apenas 16% dos professores universitários. **G1**, 20 de nov. 2018. Disponível em: https://g1.globo.com/educacao/guia-de-carreiras/noticia/2018/11/20/negros-representam-apenas-16-dos-professores-universitarios.ghtml. Acesso em: 20 dez. 2019.

MORENO, A. C.; OLIVEIRA, E. Brasil cai em ranking mundial de educação em matemática e ciências; e fica estagnado em leitura. **G1**, 3 dez. 2019. Disponível em: https://g1.globo.com/educacao/noticia/2019/12/03/brasil-cai-em-ranking-mundial-de-educacao-em-matematica-e-ciencias-e-fica-estagnado-em-leitura.ghtml. Acesso em: 19 jan. 2020.

NAESS, A. **Galileu Galilei:** um revolucionário e seu tempo. Rio de Janeiro: Zahar, 2015.

NATALINO, M. A. C. **Estimativa da população em situação de rua**. Brasília: IPEA: 2016. Disponível em: http://www.ipea.gov.br/portal/images/stories/PDFs/TDs/26102016td_2246.pdf. Acesso em: 24 jan. 2019.

NOVAES, A. (org.). **Civilização e barbárie.** São Paulo: Companhia das Letras, 2004.

O CONTADOR DE HISTÓRIAS. Direção: Luiz Villaça. Produção: Denise Fraga, Francisco Ramalho Jr. Brasil. Warner Bros, 2009.

ORGANIZAÇÃO PARA COOPERAÇÃO E DESENVOLVIMENTO ECONÔMICO (OCDE). **Políticas docentes efectivas:** conclusiones del informe PISA. 2018. Disponível em: http://www.oecd.org/pisa/Politicas-docentes-efectivas-Conclusiones-del-informe-PISA-Resumen.pdf. Acesso em: 24 jan. 2020.

ORGANIZAÇÃO PARA COOPERAÇÃO E DESENVOLVIMENTO ECONÔMICO (OCDE). Chapter 3. The changing landscape of teaching. In: **TALIS 2018 Results**. Disponível em: https://www.oecd-ilibrary.org/sites/1d0bc92a-en/1/2/4/index.html?itemId=/content/publication/1d0bc92a-en&mimeType=text/html&_csp_=1418ec5a16ddb9919c5bc207486a271c&itemIGO=oecd&itemContentType=book. Acesso em: 18 jan. 2020.

ORGANIZAÇÃO PARA COOPERAÇÃO E DESENVOLVIMENTO ECONÔMICO (OCDE). **Um olhar para a educação**. Disponível em: https://www.oecd.org/brazil/Education-at-a-glance-2015-Brazil-in-Portuguese.pdf. Acesso em: 20 dez. 2020.

ONU BRASIL. A ONU e o meio ambiente. **Nações Unidas Brasil** (site institucional). Disponível em: https://nacoesunidas.org/acao/meio-ambiente/. Acesso em: 18 jan. 2020.

ORTÍZ, F. É o futuro da humanidade que está em jogo. **O Eco**. Disponível em: https://www.oeco.org.br/reportagens/28753-e-o-futuro-da-humanidade-que-esta-em-jogo-alerta-al-gore/. Acesso em: 2 nov. 2019.

OXFAM BRASIL. **A distância que nos une:** um retrato das desigualdades brasileiras. 2017. Disponível em: https://oxfam.org.br/um-retrato-das-desigualdades-brasileiras/a-distancia-que-nos-une/. Acesso em: 24 jan. 2020.

OXFAM BRASIL. **Uma economia para o 1% (An economy for the 1%)**. 2015. Disponível em: https://oxfam.org.br/justica-social-e-economica/forum-economico-de-davos/uma-economia-para-o-1/. Acesso em: 18 jan. 2020.

PAIVA, R.; BARBALHO, A. (orgs.). **Comunicação e cultura das minorias**. São Paulo: Paulus, 2005.

PESSOA, F. **Aforismos e afins**. São Paulo: Companhia das Letras, 2006.

PESSOA, F. **Livro do desassossego**, 2. ed. São Paulo: Brasiliense, 1986. Disponível em: http://www.dominiopublico.gov.br/download/texto/vo000008.pdf. Acesso em: 21 jan. 2010.

PESSOA, F. **Textos filosóficos**. Lisboa: Ática, 1993.

PLATÃO. **A República**. 7. ed. Trad. Maria Helena da Rocha Pereira. Lisboa: Fundação Calouste Gulbenkian, 1993.

PREITE SOBRINHO, W. Brasil registra uma morte por homofobia a cada 16 horas, aponta relatório. **UOL**, 20 fev. 2019. Disponível em: https://noticias.uol.com.br/cotidiano/ultimas-noticias/2019/02/20/brasil-matou-8-mil-lgbt-desde-1963-governo-dificulta-divulgacao-de-dados.htm?cmpid=copiaecola. Acesso em: 20 dez. 2019.

QUINTANA, M. **Caderno H**. Rio de Janeiro: Objetiva, 2013.

Revista de Antropofagia. Em: **Enciclopédia Itaú Cultural de Arte e Cultura Brasileiras.** São Paulo: Itaú Cultural, 2020. Disponível em: http://enciclopedia.itaucultural.org.br/termo4904/revista-de-antropofagia. Acesso em: 18 jan. 2020.

RIBEIRO, D. **O que é lugar de fala**. São Paulo: Polen, 2019.

RIBEIRO, L. G. O que será aquela coisa? Foi o que ela quis saber, na Europa, ao ler uma carta de Anita Malfatti sobre a Semana de Arte Moderna. **Veja**, São Paulo, ed. 181, 23 fev. 1972. Disponível em: http://www.elfikurten.com.br/2016/04/tarsila-do-amaral-ultima-entrevista.html. Acesso em: 24 jan. 2020.

RIPPLE, W. J. *et al*. World Scientists' Warning of a Climate Emergency. **Bioscience**, v. 70, n. 1, p. 8-12, jan. 2020. Disponível em: https://academic.oup.com/bioscience/article/70/1/8/5610806. Acesso em: 24 jan. 2020.

RODNEY, W. **Apropriação cultural**. São Paulo: Polen, 2019. (Coleção Feminismos Plurais).

ROSENBERG, M. **Comunicação não violenta**: técnicas para aprimorar relacionamentos pessoais e profissionais. São Paulo: Ágora, 2006.

ROSSINI, M. C. Metade dos brasileiros não sabe o que é a depressão, revela Ibope. **Superinteressante**, 29 ago. 2019. Disponível em: https://super.abril.com.br/saude/metade-dos-brasileiros-nao-sabe-o-que-e-a-depressao-revela-ibope/. Acesso em: 28 jan. 2020.

SANTOS, B. de S. **O direito dos oprimidos**: sociologia crítica do direito. São Paulo: Cortez, 2014.

SARAMAGO, J. **Ensaio sobre a cegueira**. Lisboa: Leya, 2016.

SARTRE, J.-P. **Entre quatro paredes**. São Paulo: Civilização Brasileira, 2005.

SARTRE, J.-P. **O existencialismo é um humanismo**. São Paulo: Vozes, 2012.

SECRETARIA DE VIGILÂNCIA EM SAÚDE. População em situação de rua e violência: uma análise das notificações no Brasil de 2015 a 2017. **Boletim epidemiológico**, v. 50, jun. 2019.

SPINOZA, B. de. **Ética**: demonstrada à maneira dos geômetras. São Paulo: Martin Claret, 2002.

SUASSUNA CONCLUI e amplia "A Pedra". **Folha de S.Paulo**, 30 abr. 2007. Disponível em: https://www1.folha.uol.com.br/fsp/ilustrad/fq3004200708.htm. Acesso em: 18 jan. 2020.

SUPREMO TRIBUNAL FEDERAL. Supremo reconhece união homoafetiva. **Supremo Tribunal Federal** (site institucional), 5 maio 2011. Disponível em: http://www.stf.jus.br/portal/cms/verNoticiaDetalhe.asp?idConteudo=178931. Acesso em: 24 jan. 2020.

TIBURI, M. et al. **Ética e pós-verdade**. Porto Alegre: Dublinense, 2017.

TOCQUEVILLE, A. de. **A democracia na América**: leis e costumes 2. ed. São Paulo: Martins Fontes, 2005.

TODOS PELA EDUCAÇÃO. Educação inclusiva: conheça o histórico da legislação sobre inclusão. **Todos pela educação** (site institucional). Disponível em: https://www.todospelaeducacao.org.br/conteudo/conheca-o-historico-da-legislacao-sobre-inclusao. Acesso em: 20 dez. 2019.

UNAIDS. Communities at the centre defending rights breaking barriers reaching people with HIV services: **Global Aids Update**. 2019. Disponível em: https://www.unaids.org/sites/default/files/media_asset/2019-global-AIDS-update_en.pdf. Acesso em: 24 jan. 2020.

VARELLA, D. **Homossexualidade**. 2014. 1 vídeo (3 min). Disponível em: https://drauziovarella.uol.com.br/videos/coluna/homossexualidade-coluna-04/. Acesso em: 19 dez. 2019.

VELASCO, C. Brasil tem mais de 170 mil animais abandonados sob cuidado de ONGs, aponta instituto. **G1**, 18 ago. 2019. Disponível em: https://g1.globo.com/sp/sao-paulo/noticia/2019/08/18/brasil-tem-mais-de-170-mil-animais-abandonados-sob-cuidado-de-ongs-aponta-instituto.ghtml Acesso em: 19 jan. 2020.

VELOSO, M. C. B. V. **A condição animal:** uma aporia moderna. 2011. Dissertação (mestrado em Direito) – Pontifícia Universidade Católica de Minas Gerais, Belo Horizonte, 2011. Disponível em: http://www.biblioteca.pucminas.br/teses/Direito_VelosoMCB_1.pdf. Acesso: 19 jan. 2020.

VERNE, J. **Vinte mil léguas submarinas**. São Paulo: Penguin e Companhia das Letras, 2014.

VYGOTSKY, L. S. **A formação social da mente**. São Paulo: Martins Fontes, 1984.

WILLIAM, R. **Apropriação cultural**. São Paulo: Pólen, 2019.

WORLD HEALTH ORGANIZATION. **Depression and other common mental disorders:** global health estimates. 2017. Disponível em: https://apps.who.int/iris/bitstream/handle/10665/254610/WHO-MSD-MER-2017.2-eng.pdf;jsessionid=380CEE6FE15B2EDEB3AA63A2F8534C4E?sequence=1. Acesso em: 24 jan. 2020.

WWF. **Relatório Planeta Vivo 2019**. Disponível em: https://www.wwf.org.br/natureza_brasileira/especiais/relatorio_planeta_vivo_2018/. Acesso em: 18 jan. 2020.